धूमिल की कविता में विरोध और संघर्ष

नीलम सिंह

राधाकृष्ण प्रकाशन

ISBN : 978-81-8361-629-4

धूमिल की कविता में विरोध और संघर्ष

पहला संस्करण : 2014
पहली आवृत्ति : 2023

मूल्य : ₹495

प्रकाशक
राधाकृष्ण प्रकाशन प्राइवेट लिमिटेड
जी-17, जगतपुरी, दिल्ली-110 051

शाखाएँ : अशोक राजपथ, सांइस कॉलेज के सामने, पटना-800 006
पहली मंजिल, दरबारी बिल्डिंग, महात्मा गांधी मार्ग, प्रयागराज-211 001
1, अनमोल सोराबजी संतुक लेन, धोबी तलाव, मरीन लाइंस, मुम्बई-400 002

वेबसाइट : www.radhakrishnaprakashan.com
ई-मेल : info@radhakrishnaprakashan.com

मुद्रक
राजकमल प्रेस
नई दिल्ली-110 002

DHUMIL KI KAVITA ME VIRODH AUR SANGHARSH
by Nilam Singh

आमुख

धूमिल साठोत्तरी कविता के प्रतिनिधि कवियों में एक थे और सचमुच एक ही थे। धूमिल अल्पायु में ही दिवंगत हो जाने के बावजूद अपनी प्रखर प्रतिभा के कारण साठोत्तरी हिन्दी कविता के सबसे तेजस्वी कवि के रूप में स्वीकृत हैं। उनकी शुरुआत गीतों से हुई परन्तु सातवें दशक के ऐतिहासिक सन्दर्भ ने उनकी कविता को एक नया आयाम दिया। धूमिल की कविताओं में उस दौर की एक मुकम्मल तस्वीर मिलती है। धूमिल की कविताओं को शक्ति उनके गँवई अनुभव और उनके किसानी संस्कारों से मिलती है और यही बात उन्हें उस दौर की निम्न मध्यवर्गीय अराजकत१ं को अभिव्यक्त करती 'अकविता' से अलग करती है। यद्यपि उनकी कविता की शब्दावली और मुहावरों पर 'अकविता' का प्रभाव दिखाया जाता है परन्तु मेरी समझ से वह असर उनके एलेन गिंसवर्ग के सीधे सम्पर्क का प्रभाव है। उससे भी अधिक, सम्भवत: यह उनके शब्दों को खोलकर रखने की विचारधारा से जुड़ा है। मूल रूप से उनकी भाषा और कविता ठेठ अपने आसपास की दुनिया से टकराती है। उनकी शक्ति का उत्स उनके गँवई अनुभव से जुड़ी उपमाएँ, बिम्ब और मुहावरे हैं जिसके माध्यम से वे अपने गाँव, शहर, देश और संसद सबकी खबर लेते हैं। इसी किसानी दृष्टि से उन्होंने हिन्दी कविता को एक नई जीवन्त भाषा दी। भाव के स्तर पर धूमिल अत्यन्त सजग कवि हैं। कविता के प्रति उनके नजरिए को कई बार राजनीतिक सन्दर्भ तक सीमित रखने की कोशिश की जाती है। 'संसद से सड़क तक' उनका बहुचर्चित संग्रह अवश्य है परन्तु यह उनकी कविता की पूरी पहचान नहीं है। वे कविता को 'भाषा में आदमी होने की तमीज' मानते थे और उनकी कविता इसी आदमी को बचाने की कविता है। उनका समस्त व्यवस्था–विरोध और संघर्ष इसी आदमी को बचाने की कोशिश है। विरोध और संघर्ष धूमिल की काव्य

चेतना के मूलतत्त्व हैं और लेखिका ने इसे रेखांकित करके सूक्ष्म समीक्षा-दृष्टि का परिचय दिया है। धूमिल के लिए मैं 'मास्टर साहब' था। उनके संघर्ष और उनकी कविता को मैंने नजदीक से देखा था। आज उनकी कविता पर लिखी गई इस किताब को इतने अरसे बाद देखकर लगता है कि उनकी प्रासंगिकता सातवें दशक की कविता तक सीमित नहीं थी। उनकी कविता ने जिन मूल्यों को लेकर लड़ाई लड़ी वे आज भी प्रासंगिक हैं। लेखिका ने धूमिल के काव्य-संसार की गहराई से पड़ताल करते हुए विरोध के विभिन्न स्तरों, पक्षों और मोर्चों को भी स्पष्ट किया है, जिससे पता चलता है कि कवि का विरोध व्यवस्था के राजनीतिक, आर्थिक, सामाजिक, सांस्कृतिक आदि सभी पहलुओं से था। मुख्यत: काव्य-कृतियों की विवेचना पर दृष्टि रखते हुए भी लेखिका ने कवि की रचना-प्रक्रिया को समझाने के लिए आरम्भ में कवि के युग परिवेश, व्यक्तित्व-निर्माण और काव्य-यात्रा का भी तथ्यात्मक विवरण प्रस्तुत किया है, जो पर्याप्त उपादेय है। पुस्तक का सम्भवत: सबसे आकर्षक अध्याय वह है जिसमें कवि के भाषा-वैशिष्ट्य का सोदाहरण उन्मीलन किया गया है क्योंकि वही कवि की सर्जनात्मकता की सच्ची पहचान है। पुस्तक का आकार सामान्य शोध ग्रन्थों की तुलना में कुछ छोटा अवश्य है, लेकिन इसके कारण गुणवत्ता में किसी प्रकार की कमी नहीं आने पाई है। वस्तुत: इस लाघव के लिए लेखिका की सराहना करनी चाहिए कि उसने अनावश्यक स्फीति के लोभ का संवरण किया है। धूमिल पर यों तो अनेक आलोचनात्मक और शोधपरक पुस्तकें लिखी गई हैं किन्तु उन सबके बीच प्रस्तुत पुस्तक का स्थान विशिष्ट है।

—नामवर सिंह

भूमिका

धूमिल समकालीन हिन्दी कविता के बहुचर्चित कवि रहे हैं। विविध कारणों से यह किताब उन कारणों की तलाश की एक छोटी-सी कोशिश है। किताब का मूल रूप या अधिकांश हिस्सा मेरे शोध प्रबन्ध का है जिसे मैंने बिना किसी परिमार्जन के यथावत् रहने दिया है। शोध-विषय के रूप में धूमिल की कविता का चुनाव श्रेय अवश्य ही मेरे शोध-निर्देशक डॉ. अशोक सिंह को जाता है। एक ऐसा समय भी था जब विवाहोपरान्त मुझे लगा कि मैं सम्भवत: इस कार्य को पूरा न कर सकूँ लेकिन उनके निरन्तर संवाद एवं प्रोत्साहन ने मुझे इस कार्य को एक अंजाम तक पहुँचाने में मदद की। आज जब मेरी 'शोध-रचना' एक किताब का रूप ले रही है उनका स्मरण कृतज्ञता ज्ञापन से कहीं अधिक है। इस किताब में मैने धूमिल को देखने की जो अन्तर्दृष्टि पाई उसका श्रेय गुरुवर काशीनाथ सिंह को है। वे मेरे प्राध्यापक एवं गुरु रहे हैं एवं संयोगवश धूमिल के सर्वाधिक घनिष्ठ मित्रों में से एक। उनसे धूमिल के बारे में संवाद इस पुस्तक के परिशिष्ट में संकलित है। लेकिन इस पूरी पुस्तक में उनकी व्याप्ति परिशिष्ट से कहीं अधिक है। उनका स्नेह एवं समर्थन न रहता तो सम्भवत: मैं इसे पुस्तक रूप देने गें रागर्थ नहीं होती। और अन्त में गुरुवर नामवर जी संयोगवश इस पुस्तक के मूलरूप (शोध प्रबन्ध) रूप की परीक्षा में वे परीक्षक बनकर आए थे। उस दौरान उन्होंने शोध प्रबन्ध को लेकर जो राय दी थी वह मेरे जैसी अल्पज्ञानी शोध छात्रा के लिए एक बेहद उत्साहजनक बात थी। उनके इसी प्रोत्साहन ने मुझे उनसे एक और आग्रह के लिए विवश किया जो आमुख रूप में प्रस्तुत है। वे आकाशधर्मा गुरु हैं। हमारे जैसे सैकड़ों हजारों एकलव्य उन्होंने पैदा किए हैं। ऐसे आकाशधर्मा गुरुवर को धन्यवाद कहकर उनके योगदान को कम नहीं करनी चाहती।

जहाँ तक धूमिल की कविता के चुनाव की बात है, उनकीकविताओं

को पढ़ते हुए मुझे लगा कि स्वातन्त्र्योत्तर भारत की युवा मानसिकता का विकासक्रम उसमें निहित है। उनके 'विरोध एवं संघर्ष' को इसी विकासक्रम के सन्दर्भ में विश्लेषित किया जाना चाहिए। इसी अर्थ में मैंने धूमिल को एक सतत विकासशील कवि के रूप में देखते हुए उनकी कविता के विविध आयामों पर विचार किया।

सर्वप्रथम धूमिल के युग परिवेश के विवेचन के दौरान मैंने पाया कि युग-प्रदर्शन से धूमिल की कविता अपनी प्राण-ऊर्जा ग्रहण करती है। वे कविता एवं समाज के बीच 'टच मी नाट' वाले सम्बन्ध के कायल नहीं थे। इसलिए उनकी कविता अपने युग के स्पन्दन से युक्त है। वे जवाहरलाल नेहरू की मृत्यु पर शोक भी मनाते हैं एवं बाद में उनकी भर्त्सना भी करते हैं। उनकी कविता में जनतन्त्र के प्रति आस्था से लेकर नक्सलवादी राजनीतिक चेतना का समर्थन है। यह धूमिल के अन्तर्विरोध का नहीं उनके युगधर्मी होने का साक्ष्य है। इसलिए जवाहरलाल नेहरू की मृत्यु पर उनकी शोक-संवेदना इसलिए झूठी नहीं हो जाती कि वे बाद में नक्सलवाद की ओर झुक जाते हैं। धूमिल का युग सतत परिवर्तनों का युग है, उसमें आशा एवं इन्तजार है—जनतंत्र एवं आस्था है—मोहभंग एवं अनास्था है, संसद एवं नक्सलवाड़ी है। धूमिल का युग दो ध्रुवान्तों के बीच का युग है। इसलिए उनकी कविता को समझने के लिए इस परिप्रेक्ष्य की समझ आवश्यक है। उनका विरोध एवं संघर्ष इसी परिप्रेक्ष्य की उपज है।

धूमिल के जीवन एवं व्यक्तित्व का विश्लेषण करते हुए मुझे लगा कि वास्तव में धूमिल का व्यक्तित्व एवं उनका युग एक-दूसरे से इतने घुल-मिल गए हैं कि उनकी कविता का विरोध एवं संघर्ष उस व्यक्तित्व में ही समाहित दिखता है। 'धूमिल' आभिजात्य संस्कार वाले लेखकों से भिन्न पृष्ठभूमि से आए थे। वे उस गाँव से आए थे जहाँ परिवर्तन के प्रति एक भयावह उदासीनता थी। वे उस परिवार से आए थे जो भूख एवं गरीबी के निहितार्थ समझता था। वे उस देश से आए थे जहाँ 'भदेस' होना कोई गाली नहीं थी। उनका गाँव-उनका अपना जीवन एवं जीवन संघर्ष उन्हें अपने परिवेश को पूरी तरह समझने में मदद देता है। इसी समझ के तहत वे टकराते हैं—अपने आपसे, अपने मध्यवर्गीय संस्कारों से आपके आस-पास की भूख और गरीबी से, अपने गाँव और समाज की यथास्थितिवादी मनोवृति से तथा उनसे अधिक अर्थतंत्र एवं राजतंत्र के तत्कालीन शोषक स्वरूप

से। भ्रष्ट तंत्र से उनका विरोध एवं संघर्ष उनके व्यक्तित्व का प्रतिफलन है जो उन्हें सारे 'सिस्टम' से टकराने की ऊर्जा देता है।

धूमिल कविता को रसिकता एवं उपभोग की वस्तु नहीं मानते बल्कि उसे उसके सामाजिक प्रकार्य से जोड़कर देखते हैं। इसलिए उन्हें 'राजनीतिक कवि' कहकर दायरे में कैद करने की कोशिश की जाती है। परन्तु उनके यहाँ राजनीति सिर्फ 'संसद' की नहीं थी। वहाँ राजनीति भूख और गरीबी की थी। वहाँ राजनीति शोषक एवं शोषितों की थी। जब धूमिल की कविता को राजनीतिक कविता कहकर विश्लेषित किया जाता है तो यह ध्यान रखने की जरूरत है कि धूमिल की राजनीति के विश्लेषण में एक दौर की पूरी 'सभ्यता समीक्षा' मौजूद है। अतएव धूमिल की काव्य यात्रा को एक वृहत्तर सन्दर्भ में देखे जाने की जरूरत है।

धूमिल के विरोध एवं संघर्ष को व्यापक सन्दर्भ में देखने पर हम पाते हैं कि धूमिल अपनी पूरी कविता में संघर्षरत है, परन्तु निराश नहीं। अन्धकार उनकी कविता में बार-बार आता है परन्तु प्रकाश की लचीली बाँह उससे बाहर निकलने का रास्ता भी दिखाती है। वे संसदीय राजनीति के भ्रष्ट स्वरूप के प्रति अपना गुस्सा, अपना आक्रोश निकालते हैं तो इस आस्था के साथ कि जनता इसके भ्रष्ट स्वरूप को बदलने में तत्पर हो सके। वास्तव में धूमिल का 'विरोध' नवनिर्माण के लिए किया जानेवाला संघर्ष है।

विरोध और संघर्ष के भाव-बोध को अभिव्यंजित करने के लिए धूमिल की भाषा भी अपना नया संधान करती है। दुर्भाग्यवश सन्दर्भों से काटकर विवेचित किए जाने के कारण धूमिल की भाषा अनावश्यक आलोचना का शिकार हुई है। उन्हें 'वक्तव्यों का कवि' मान लिया गया है। उनकी कविता में 'भदेस' शब्दों के प्रयोग को अनावश्यक बताया गया है। उनकी 'सपाटबयानी' को काव्य-दोष माना गया है। मेरे विचार से 'धूमिल' जैसी भाषिक सजगता आधुनिक कविता में बहुत कम कवियों में देखी गई है। वे न तो 'वक्तव्यों' के कवि हैं और न ही 'भीड़ की भाषा' को कविता बनाने के कायल। कविता उनके लिए 'भाषा में आदमी होने की तमीज' है। उनके मुहावरे, उनकी शब्दावली, उनका भदेसपन सब कुछ नियंत्रित गति में है एवं सटीक दिशा में है। ये सब अपनी बात को ठीक-ठीक सम्प्रेषित करने के माध्यम हैं। इसी भाषा में 'धूमिल' की कविता सतही विरोध (मुन्ना

विद्रोह) की अभिव्यक्ति (घुन्ना कविताओं) से ऊपर उठकर संघर्ष का एक नया स्वर बुलंद करती है। इसलिए 'धूमिल' न केवल अपने समकालीन बल्कि पूर्ववर्ती एवं बाद के कवियों से भी अलग नजर आते हैं। वे विरोध एवं संघर्ष को नया आयाम देते हैं।

धूमिल की कविता की मेरी समझ इसे शोध विषय के रूप में चुनाव से लेकर पुस्तक रूप देने की यात्रा का थोड़ा सा विवरण।

अन्त में आग्रह कि धूमिल की कविता को समझने की इस छोटी सी कोशिश में यदि कोई त्रुटि रह गई हो तो उसका सम्पूर्ण भार मुझ पर ही है।

—नीलम सिंह

अनुक्रम

धूमिल का युग परिवेश : विरोध एवं संघर्ष की भावभूमि

'धूमिल' की कविता पर लिखते समय मेरे मन में पहला सवाल यह उठा कि शुरू कहाँ से करूँ। ऐसे में बशीर बद्र के एक शेर ने मदद की—

"कोई काँटा चुभा नहीं होता
दिल अगर फूल सा नहीं होता
कुछ तो मजबूरियाँ रही होंगी
यूँ कोई बेवफा नहीं होता।"[1]

सवाल उठ सकता है कि दोष काँटे की चुभन का है या फूल से दिल का। पर इस बहस से बचते हुए मैंने 'काँटे' से शुरुआत करने का निश्चय किया। अपने विषय के सन्दर्भ में कहूँ तो—आखिर वे कौन से काँटे थे जो 'धूमिल' को चुभ रहे थे। वे कौन सी परिस्थितियाँ-मजबूरियाँ थीं—जिन्होंने 'धूमिल' को 'विरोध एवं संघर्ष' की बेवफा मुद्रा अपनाने पर मजबूर किया। नि:सन्देह ही यह युग-परिवेश की चुभन थी।

'धूमिल' का युग साहित्यिक सन्दर्भों में 'साठोत्तरी कविता' का युग है। साठोत्तरी कविता का सन्दर्भ क्या है—यह किन अर्थों में अपनी पूर्ववर्ती कविता से अलग है—एवं इसका प्रारम्भ कब से माना जाए इस पर आलोचकों में लम्बी बहसबाजी हो चुकी है। डॉ. नामवर सिंह ने इस साठोत्तरी युग-परिवर्तन को लेकर चल रहे विवादों को समेटते हुए लिखा है कि "साठोत्तरी युग-परिवर्तन को लेकर उलझना भी कठमुल्लापन है। साठ की जगह बासठ, तिरसठ की जगह चौंसठ जो चाहे कर लीजिए क्योंकि यह कोई पत्रा का मुहूर्त नहीं है; राजनीतिक स्तर पर इसे चीनी या पाकिस्तानी हमले से जोड़ने को लेकर ज्यादा बहस नहीं है और न बहस है नेहरू की मृत्यु-तिथि से इसका तालमेल बिठाने के सवाल को लेकर। विभाजन का आधार कोई भी घटना मानी जाए तथ्य यही है कि छठे दशक के साथ एक युगांत की धारणा पुष्ट हो जाती है जिसे सुविधा के लिए राजनीतिक भाषा में 'नेहरू युग' का अन्त कह सकते हैं।"[2]

(क) राजनीति का जनतांत्रिक जंगल

साठोत्तरी कविता का युग-सन्दर्भ के अन्त से जुड़ता है। या कहें कि 'धूमिल' की कविता का युग 'नेहरू युग' के अन्त से प्रारम्भ होता है। यह अनायास नहीं है कि 'धूमिल' ने 'जवाहरलाल नेहरू की मृत्यु पर' नाम से कविता लिखी जो नेहरू के प्रति उदारवादी भावों से युक्त है एवं 'धूमिल' के विरोधी रूप से मेल नहीं खाती। इसे हम नेहरू युग के आदर्शों एवं स्वप्नों को श्रद्धा-सुमन के रूप में देख सकते हैं। 'नेहरू-युग' का प्रारम्भ 'मध्यरात्रि के स्वप्न' से होता है। आजादी के बाद महात्मा गांधी की आकस्मिक हत्या से भारतीय राजनीति में वे निर्विवाद रूप से केन्द्रीय व्यक्तित्व के रूप में उभरते हैं। उनके नेतृत्व में भारतीय राजनीति-अर्थव्यवस्था-समाज व्यवस्था में बदलावों की एक शृंखला प्रारम्भ होती है। प्रारम्भ संविधान की स्थापना एवं सार्वजनिक मताधिकार वाली निर्वाचन व्यवस्था से होता है। आम-चुनावों से भारतीय राजनीतिक व्यवस्था को एक नया आयाम मिलता है। जनता का, जनता के लिए एवं जनता के द्वारा शासन की अवधारणा से सदियों से चले आ रहे राजनीतिक एवं आर्थिक ढाँचे में हलचल पैदा होती है। लोकतंत्र, समाजवाद, योजनाबद्ध विकास सम्बन्धी लोक-लुभावने वादे एवं नारे दिए जाते हैं। पहले तीन आम चुनावों में कांग्रेस की सत्ता बनी रहती है परन्तु इस सत्ता को बनाए रखने के लिए राजनीति में आदर्शों के स्थान पर व्यवहारिकता को तरजीह दी जाने लगी। फलस्वरूप राजनीति में भ्रष्टाचार, भाई-भतीजावाद, एवं मूल्यहीनता का प्रवेश होता है। आजादी के बाद की राजनीतिक व्यवस्था में आए इन बदलावों से साठोत्तरी कविता के विरोध की भाव-भूमि तैयार होती है। 'धूमिल' की 'पटकथा' में इस सारे बदलाव को बड़ी शिद्दत से उकेरा गया है—

'पटकथा' का प्रारम्भ होता है एक स्वप्न—एक मोह से जिसमें—

"इस तरह जो था उसे मैंने
जी भरकर प्यार किया
और जो नहीं था
उसका इन्तजार किया"[3]

यह मोह पहले तीन आम-चुनावों तक कायम रहा एवं

"मैं अपनी सम्मोहित बुद्धि के नीचे
उसी लोकनायक को
बार-बार चुनता रहा
जिसके पास हर सवाल
का एक ही जवाब था
यानी कि बटन होल में

महकता एक फूल/
गुलाब का।"[4]

परन्तु इन्तजार की भी एक हद होती है। बीस बरसों के इन्तजार के बाद कवि का धैर्य टूटता है—

"मगर एक दिन मैं स्तब्ध रह गया
मेरा सारा धीरज
युद्ध की आग से पिघलती हुई बर्फ में
बह गया।"[5]

चीनी आक्रमण के बाद नेहरू के निधन से एक रिक्तता पैदा होती है। यह स्वप्न भंग का प्रारम्भ था। पाकिस्तानी आक्रमण एवं शास्त्री जी के असामयिक निधन से भारतीय राजनीति में उठापटक का दौर शुरू होता है एवं 1967 के आम चुनाव में राजनीति का स्तर तेजी से गिरता है। 'धूमिल' के शब्दों में—

"सब-कुछ अब धीरे-धीरे खुलने लगा है
मत-वर्षा के इस दादुर शोर में
मैंने देखा हर तरफ
रंग-बिरंगे झंडे फहरा रहे हैं
गिरगिट की तरह रंग बदलते हुए
गुट से गुट टकरा रहे हैं
वे एक-दूसरे से दाँता-किलकिल कर रहे हैं
एक-दूसरे को दुर-दुर बिल-बिल कर रहे हैं
हर तरफ तरह-तरह के जन्तु हैं
श्रीमान किन्तु हैं
मिस्टर परन्तु हैं
कुछ रोगी हैं
कुछ भोगी हैं
कुछ हिजड़े हैं
कुछ जोगी हैं
तिजोरियों के
प्रशिक्षित दलाल हैं
आँखों के अन्धे हैं
घर के कंगाल हैं
गूँगे हैं
बहरे हैं

उथले हैं, गहरे हैं
गिरते हुए लोग हैं
अकड़ते हुए लोग हैं
भागते हुए लोग हैं
पकड़ते हुए लोग हैं
गरज यह कि हर तरह के लोग हैं।''[6]
ऐसी स्थिति में स्वाभाविक था कि—
''लाल हरी झंडियाँ...
जो कल तक शिखरों पर फहरा रही थीं
वक्त की निचली सतहों में उतर कर
स्याह हो गई हैं और चरित्रहीनता
मंत्रियों की कुर्सी में तबदील हो चुकी है।''[7]

राजनीतिक गिरावट के इस दौर ने—राजनीतिक व्यवस्था के खोखलेपन ने, सन् सत्तर के बाद अति-वामपन्थी राजनीति के उदय का रास्ता तैयार किया। धूमिल के 'संसद से सड़क तक' की 'नक्सलबाड़ी' कविता में इस विचारधारा की आहट सुनाई देती है। उनके बाद के दोनों संग्रहों में संसदीय व्यवस्था के बरक्स इस राजनीतिक विचारधारा का जो औचित्य निरूपण दिखाई देता है वह तत्कालीन राजनीतिक व्यवस्था से हटकर एक नई व्यवस्था को कायम करने के स्वप्न से परिचालित होता है।

संक्षेप में साठोत्तरी युग-परिवेश का राजनीतिक-रूप एक ऐसी भाव-भूमि तैयार करता है जहाँ कवि एवं लेखक तत्कालीन राजनीतिक व्यवस्था के विरोध को अपना निशाना बनाते हैं एवं 'धूमिल' ऐसे लेखकों की अग्रणी पंक्ति में खड़े दिखते हैं।

(ख) आर्थिक विकास का सच

आर्थिक दृष्टि से 'नेहरू युग' 'मिश्र अर्थव्यवस्था'—'योजनागत विकास ढाँचे' एवं 'समाजवादी राज्य' की परिकल्पना का काल था। आजादी के पहले बीस बरस इन्तजार के बरस थे। आर्थिक सन्दर्भों में 'धूमिल' के शब्दों में स्वप्न था कि—

''अब कोई दवा के अभाव में
घुट-घुटकर नहीं मरेगा
अब कोई किसी की रोटी नहीं छीनेगा
कोई किसी को नंगा नहीं करेगा
अब यह जमीन अपनी है
आसमान अपना है।''[8]

परन्तु ये सपने पूरे नहीं हो सके—

''बीस साल बाद और इस शरीर में
सुनसान गलियों से चोरों की तरह गुजरते हुए
अपने आप से सवाल करता हूँ—
क्या आजादी सिर्फ तीन थके हुए रंगों का नाम है
जिन्हें एक पहिया ढोता है
या इसका कोई खास मतलब होता है?''[9]

क्यों नहीं हुए पूरे ये सपने? क्योंकि आजादी के नाम पर समाजवाद के नाम पर-योजनागत विकास के नाम पर चलाए जा रहे कार्यक्रमों का लाभ बिचौलिए हड़प कर गए—

''मगर चालक 'सुराजिए'
आजादी के बाद के अँधेरे में
अपने पुरखों का रंगीन बलगम
और गलत इरादों का मौसम जी रहे थे
अपने-अपने दराजों की भाषा में बैठकर
गर्म कुत्ता खा रहे थे
सफेद घोड़ा पी रहे थे।''[10]

ऐसी स्थिति में धीरे-धीरे स्थितियाँ सामने आने लगीं एवं विकास का सच कवि के समझ में आने लगा—

''उस मुहावरे को समझ गया हूँ
जो आजादी और गांधी के नाम पर चल रहा है
जिससे न भूख मिट रही है, न मौसम बदल रहा है।''[11]

कवि आर्थिक व्यवस्था की नब्ज पहचानते हुए लिखता है कि—

''क्यों कि गलत होने की जड़
न घड़ीसाज की दुकान में है
न बढ़ई के बसूले में
और न आरी में है
बल्कि वह इस समझदारी में है
कि वित्त मंत्री की ऐनक का
कौन-सा शीशा कितना मोटा है
और विपक्ष की बेंच पर बैठे हुए
नेता के भाइयों के नाम
सस्ते गल्ले की कितनी दुकानों का कोटा है।''[12]

"मगर मैं जानता हूँ कि मेरे देश का समाजवाद
मालगोदाम में लटकती हुई
उन बाल्टियों की तरह है जिस पर 'आग' लिखा है
और उनमें बालू और पानी भरा है।"[13]

स्वाभाविक था कि कवि के सब्र का बाँध टूटा एवं उसने पलटकर सवाल किया—

"बीस साल बाद
मैं अपने आप से एक सवाल करता हूँ
जानवर बनने के लिए कितने सब्र की जरूरत होती है?"[14]

आर्थिक विषमता के इस माहौल ने ही तत्कालीन साठोत्तरी कविता को रूपाकार दिया। भूख, दरिद्रता, बेरोजगारी एवं आम आदमी की आर्थिक स्थिति को साठोत्तरी कविता ने एक नए रूप में देखा जो राजनीतिक व्यवस्था से अभिन्न रूप से जुड़ा था—

"मैं उन्हें समझता हूँ
वह कौन-सा प्रजातांत्रिक नुस्खा है
कि जिस उम्र में
मेरी माँ का चेहरे
झुर्रियों की झोली बन गया है
उसी उम्र की मेरे पड़ोस की महिला
के चेहरे पर
मेरी प्रेमिका के चेहरे-सा
लोच है।"[15]

ऐसे में राजनीतिक व्यवस्था एवं आर्थिक व्यवस्था को समग्र रूप से बदलने की बात उठी। सातवें दशक के उत्तरार्ध में बढ़ते आर्थिक संकट; घाटे के बजट से उत्पन्न मुद्रास्फीति, खाद्यानों के बढ़ते आयात, उत्पादन की धीमी दर एवं बढ़ती संख्या एवं संसदीय प्रणाली के प्रति आम जनता की निराशा के बीच से 1967 में नक्सलबाड़ी में सशस्त्र किसान विद्रोह फूट पड़ा। यह साठोत्तरी कविता का एक प्रमुख स्वर बन कर उभरा विशेषत: 'धूमिल' के यहाँ।

इस प्रकार हम कह सकते हैं कि 'धूमिल' की कविता 'विरोध एवं संघर्ष' की भावभूमि तत्कालीन युगीन परिस्थितियों में निहित थी। 'धूमिल' ने आम आदमी को अपनी कविता के केन्द्र में रखा है एवं वह आम आदमी उस दौर की राजनीति एवं उस दौर की अर्थनीति की मार झेलता हुआ आदमी है। उस आम आदमी को बचाने के लिए 'धूमिल' की कविता उस दौर की राजनीति एवं अर्थनीति के विरोध में खड़ी होती है।

(ग) तत्कालीन साहित्यिक परिदृश्य

साहित्य निर्माण में युगीन साहित्यिक सन्दर्भों की महत्त्वपूर्ण भूमिका होती है। एक साहित्यकार अपनी रचनाधर्मिता में अपने युगीन साहित्यिक सन्दर्भों से टकराता भी है, उसे अपनाता भी है एवं उससे अलग हटकर भी रचने का प्रयास करता है। अतएव 'धूमिल' को समझने के लिए तत्कालीन साहित्यिक परिवेश पर विचार करना आवश्यक है। इस दौर के साहित्यिक परिवेश की समीक्षा करते हुए समालोचक विजय कुमार ने लिखा है—

"आजादी के बाद लगभग डेढ़ दशक तक भारत की राजनीति पर नेहरू छाए रहे और हिन्दी की नई कविता पर अज्ञेय। दोनों ही भव्यता के प्रेमी, स्वप्नजीवी और अपनी ही रूमानी छवि के बंदी। दोनों ने मनुष्य और समाज के बारे में कुछ झिलमिल बातें कीं। नेहरू सामन्ती ढाँचे को तोड़े बिना, एक आधुनिक औद्योगिक पूँजीवादी ढाँचे को खड़ा करना चाहते थे, अज्ञेय भारतीय संस्कृति के दार्शनिक भाववाद से लड़े बिना आधुनिकता बोध, बुद्धिवाद और व्यक्ति स्वातंत्र्य को स्थापित करना चाहते थे। घालमेल की यह कोशिश भारतीय राजनीति और नई कविता आन्दोलन—दोनों ही जगह अपने अन्तर्विरोधों को एक चकाचौंध द्वारा ढक लेना चाहती थी। आजादी के डेढ़ दशक बाद दोनों ही शलाका पुरुषों के साथ इतिहास ने क्रूर मजाक किया। राजनीति और सृजनात्मकता में स्वप्नभंग के दौर समानान्तर रहे।"[16] कवि-आलोचक मलयज ने नेहरू और अज्ञेय की छवियों के ध्वस्त होने की कुछ दिलचस्प समानताएँ ढूँढ़ी हैं। मलयज लिखते हैं—"दोनों ही जगहों पर कोई बुनियादी चीज छूट गई थी। शायद यह कि वह 'साई' बाहर ही बसता था। वह वर्ग पोषित नर, जिसकी आँखों में नारायण की व्यथा भरी रहती है। अतः नेहरू के स्वप्न दर्शन के अन्त ने स्वप्नभंग से उत्पन्न स्थितियाँ दीं। अनस्थिरता और विघटन, जिसमें तमाम सारी शक्तियाँ जूझकर समाज के एक गतिशील यथार्थ को प्रकाशित कर रही हैं, असन्तोष और आक्रामकता, जिसमें नई युग पहचान की सम्भावनाएँ टूट-बन रही हैं, एक प्रजातंत्र जो तपने के लिए आग में जल रहा है। अज्ञेय के स्वप्न दर्शन के अन्त ने हमें आज की युवा कविता दी। आशंका और सम्भावना के ध्रुव बिन्दुओं पर झूलती एक काव्य पीढ़ी, एक दुःस्वप्न जो कविता के भविष्य से ज्यादा मनुष्य के भविष्य को लेकर है, एक वर्ग चेतना जो राजनीति, कली और फूल के भेद को पहचानती है, पर इस ज्ञान से उसकी मुट्ठी से सिर्फ धुआँ निकलता है, एक कविता जो यथार्थ को सहनीय नहीं, असहनीय बनाती है, कुछ अनाम मूल्य जो फिलहालियत में टलते जा रहे हैं।"[17]

वास्तव में साठ के बाद का समय कविता में बुर्जुआ भद्रलोक की अभिजात सौन्दर्य-रुचियों और एक आडम्बर भरे परिष्कार के समाप्त हो जाने का समय था।

यह ऐसा परिष्कार था जो कविता और राजनीति के किसी भी प्रत्यक्ष सम्बन्ध से परहेज करता था, जिसका राजनीतिक विरोध समाज को बदलने वाली राजनीति के विरोध से था, जो एक लम्बे समय तक आजादी की लड़ाई का श्रेय पूँजीपति वर्ग की प्रतिनिधि पार्टी कांग्रेस को देता रहा और उसे ही जनता के हितों का प्रतिनिधि मानता रहा। अज्ञेय और उनके प्रमुख सेनानायक धर्मवीर भारती, साही, कुँवरनारायण और जगदीश गुप्त मिथकों को आधार बनाकर सनातन किस्म की तनावहीन शुद्धतावादी कविता लिख रहे थे, जिसका वर्तमान की सच्चाईयों से एक खास 'टच मी नॉट' किस्म का सम्बन्ध था।

अज्ञेय का व्यक्तित्व-स्वातंत्रय साम्यवाद के खिलाफ जाता था, जबकि उसी नई कविता के भीतर मुक्तिबोध की काव्यभाषा का खुरदुरापन भद्रलोक की नपी-तुली और संयमित अभिव्यक्ति के खिलाफ जाता था। पूँजीवादी समाज में व्यक्तित्व विभाजन की समस्या पर उनकी बेचैनी नई कविता में एक अलग तरह के तनाव को व्यक्त कर रही थी। मुक्तिबोध की कविता सही अर्थों में युग संधि की कविता थी और एक नई सौन्दर्यदृष्टि की माँग करती थी।

मोहभंग की प्रतिक्रिया का प्रारम्भ अकविता आन्दोलन से होता है। कई बार इस बात को बड़े सरल ढंग से कह दिया जाता है कि सातवें दशक का अकविता आन्दोलन गिंसबर्ग के 'बिटनिक' आन्दोलन से आरम्भ हुआ था। ऐसा कहते हुए अक्सर इस तथ्य को नजरअन्दाज कर दिया जाता है कि भारत के सामाजिक-आर्थिक परिदृश्य में इसके बीज तत्त्व मौजूद थे। अकविता आन्दोलन युवा पीढ़ी के भौतिक और मानसिक विस्थापन, असुरक्षा बोध और विशुद्ध दैनन्दिन अस्तित्व के स्तर पर झेले जाने वाले संकट की विस्फोटक अभिव्यक्ति था। वह स्वप्नभंग का आन्दोलन था—किन्हीं अर्थों में एक नेगेटिव ऊर्जा का आन्दोलन भी। नई कविता वस्तु-संसार में पनप रहे जिस तनाव को अपने मध्यवर्गीय खोखले आभिजात्य से ढकना चाहती थी, अकविता उस रागात्मक ऐश्वर्य के जाल को अपनी संस्कारहीन शब्दावली से छिन्न-भिन्न कर देना चाहती थी। यूरोप में जिस तरह बीसवीं सदी के प्रारम्भिक दो दशकों में बुर्जुआ कला-मूल्यों के खिलाफ एक जबर्दस्त आन्दोलन दिखाई पड़ता है वही सब हिन्दी कविता में कविता आन्दोलन के रूप में दिखाई पड़ता है। अकविता एक खास तरह की सम्बन्धहीनता और असामंजस्य की कविता है। उसमें ऊब, अकेलेपन, कुंठा, अवमानना, अनास्था और निषेध की अभिव्यक्ति साहित्य को शुद्धतावाद के घेरे से निकालकर सीधे-सीधे अपने समय की अनैतिकता, अव्यवस्था, विघटन, रुग्णता और रोजमर्रा के तनाव में अवस्थित कर देना चाहती थी।

सातवें दशक का उत्तरार्ध और भी गहरे आर्थिक संकट से घिरा हुआ था।

विदेशी सहायता पर निर्भरता बढ़ती जा रही थी। घाटे का बजट मुद्रास्फीति को जन्म दे रहा था। खाद्यान्नों का भारी मात्रा में आयात किया जा रहा था। उत्पादन की गति में धीमापन बेरोजगारी को बढ़ावा दे रहा था। वास्तविक मजदूरी में गिरावट आ रही थी और आम जनता के उपभोक्ता स्तर की विकट स्थिति थी। आर्थिक संकट एक राजनीतिक संकट में तब्दील होने लगा था। विषम आर्थिक स्थिति, भूमिहीन किसानों की बढ़ती हुई संख्या और संसदीय प्रणाली के प्रति आम जनता की निराशा के बीच 1967 में नक्सलबाड़ी में सशस्त्र किसान विद्रोह फूट पड़ा।

इस आन्दोलन से प्रभावित 'धूमिल', लीलाधर जगूड़ी, आलोक धन्वा, वेणुगोपाल, कुमार विकल, कुमारेन्द्र पारसनाथ सिंह आदि कवियों की एक नई पीढ़ी का उदय हुआ। रचनाकर्म में राजनीतिक विचारधारा और प्रतिबद्धता का प्रश्न एक नई स्फूर्ति और संकल्प के साथ उठा। प्रगतिशील कविता के छूटे हुए धागे इस दौर की कविता से पुनः जुड़ने लगे। दशक के पूर्वार्द्ध में युवा मानसिकता में जो अराजक किस्म का आक्रोश और सिनिसिज्म फूटा था, उसे बहुत जल्दी एक संकल्पधर्मी, उग्र और युयुत्सु वामपन्थी राजनीतिक चेतना ने अपदस्थ कर दिया।

सातवें दशक की इस कविता के कंटेट में कई परिवर्तनों को एक साथ घटित होते हुए देखा जा सकता है। ज्यादातर रचनाकार मध्यमवर्ग या निम्न मध्यमवर्ग से आए थे। ये सभी अपने भावजगत को किसान और मजदूर वर्ग की वस्तुस्थितियों से जोड़ना चाहते थे। एक समालोचक ने साठोत्तरी कविता के इस भाव को व्यक्त करते हुए लिखा है कि 'साठोत्तरी' कविता का मूल स्वर विद्रोह, आक्रोश तथा असन्तोष का स्वर है। यह विद्रोह का भाव सन् साठ के बाद के युवा कवियों में प्रखरतम रूप में दिखाई देता है जिसके मूल में समकालीन भारतीय परिवेश की सामाजिक, आर्थिक, राजनीतिक स्थितियों की विडम्बना, विषमता एवं विसंगतियाँ तथा समसामयिक अन्तर्राष्ट्रीय चेतना विद्यमान है। समसामयिक परिवेश में गरीबी, बेकारी, महँगाई, भाई-भतीजावाद, साम्प्रदायिकता, नेताई-कुर्सी लोलुपता, भ्रष्टाचार आदि गन्दी नाली के कीड़ों के समान पनपते हैं।

इस सम्बन्ध में डॉ. शिव कुमार मिश्र ने लिखा है—"सन् साठ के बाद की कविता ठेठ अपने समय की कोख से जन्मी कविता है, समय के सारे तेवर जिसके माथे पर आसानी से पढ़े जा सकते हैं...। एक तीखे असन्तोष और विद्रोह का भाव इस कविता का मूल चरित्र है। विद्रोह सत्ता के शीर्ष पर बैठी उस स्वार्थी बुजुर्ग पीढ़ी के प्रति जिसने आजाद हुए एक देश को आजादी के बीस वर्षों में पूरी तरह अपने हक में निचोड़कर निर्जीव कर दिया है, विद्रोह सुविधाभोगी वर्गों का हित साधन करनेवाली उस समाज व्यवस्था के प्रति जिसमें मनुष्य मूलभूत अधिकारों का एक बड़ा-सा गट्ठर सिर पर लादे महज मिट्टी का पुतला, एक 'जिन्स', एक 'केस',

एक 'फाइल' बनकर रह गया है, अपने चारों ओर की कारगुजारियों का महज दर्शक, महज भोक्ता और महज एक माध्यम। पुरानी जीवन-स्थितियों की निरर्थरता का तीखा अहसास, परन्तु नई जीवन स्थितियों के निर्माण में चाहकर भी अपनी भूमिका न निभा पाने की असमर्थता, जो कुछ सामने आ रहा है, अथवा जो कुछ घटित हो रहा है, उसे सिर माथे लेने की विवशता और न ले सकने की स्थिति में उत्पन्न आक्रोश, विक्षोभ और झुँझलाहट ही उस सारे मानसिक संत्रास एवं तनाव की जन्मदात्री है, जिसके बीच से आजादी में जन्मी और परवान चढ़ी युवा पीढ़ी को गुजारना पड़ रहा है। कदाचित ही किसी युग की पीढ़ी को इतने गहरे मानसिक त्रास का सामना करना पड़ा हो। विद्रोह, विक्षोभ, असन्तोष, अनिश्चय, गतिरोध, तनाव और संत्रास यह समष्टि ही है, जो अनेक शुभ और अशुभ रूपों में आज की युवा-पीढ़ी के माध्यम से व्यक्त है और उसकी कविता में भी उन्हीं रूपों में अपने दर्शन दे रही है।''[18]

इस सम्बन्ध में नई कविता एवं साठोत्तरी कविता के बीच के इस अन्तर को स्पष्ट करते हुए एक समालोचक ने लिखा है—''नई कविता स्वप्न भंग की कविता थी क्योंकि, जनमानस को स्वतंत्रता के बाद सुखद जीवन जीने की आशा थी, परन्तु उसके सपने साकार न हो सके। नई कविता केवल स्वप्नभंग की स्थिति को अपराजेय विवशता की आत्महीनता और आत्मकरुणा के स्वर में व्यंजित होकर रह गई। इसके विपरीत साठोत्तरी कविता स्वप्न भंग की कविता नहीं है क्योंकि उसने कभी स्वप्न या मोह पाला ही नहीं, जो भंग होता। वह तो स्वप्नभंग के बाद के वातावरण की उपज है। नई कविता में साठोत्तरी कविता की तरह विद्रोह, आक्रोश, असन्तोष आदि का आग्रह है लेकिन वह विद्रोह केवल एक काव्यगत विद्रोह है, शब्द, प्रतीक, बिम्बों आदि के प्रति विद्रोह है, सम्पूर्ण परिवेश की गहनता के प्रति वहाँ विद्रोह नहीं है, जबकि साठोत्तरी कविता में समकालीन सामाजिक, आर्थिक, राजनीतिक परिस्थितियों के प्रति गहरा आक्रोश एवं विद्रोह है। साठोत्तरी कविता काव्य भाषा के स्तर पर भी नई कविता से भिन्न जान पड़ती है। 'धूमिल' ने नई कविता और साठोत्तरी कविता के भाषा-भेद को स्पष्ट करने की कोशिश करते हुए लिखा है—''नई कविता के कवि शब्दों को गोल कर रखते थे। सन् साठ के बाद के कवि शब्दों को खोल कर रखते हैं।''[19] डॉ. नामवर सिंह ने 'नगण्यता-बोध' के प्रभाव के कारण ही साठोत्तरी कवियों की भाषा में परिवर्तन आने की चर्चा की है। उनके अनुसार, ''इन कवियों ने अपनी रचनाओं का विधान नगण्य से नगण्य शब्दों से किया है। इन छोटे से छोटे शब्दों के द्वारा भयावह वातावरण की सृष्टि की गई है जो बड़े-बड़े शब्दों की शक्ति के बाहर की बात है। तथाकथित भदेस शब्दों का भी प्रयोग काफी मात्रा में किया गया है। इन शब्दों को ये कवि जान-बूझकर इस्तेमाल करते हैं। इसलिए नहीं कि वे अपनी रचना में ऐसे शब्द भरकर सेक्स एवं

भोग–विलास का वातावरण खड़ा करना चाहते हैं। बल्कि इसलिए कि ये शब्द सम-सामयिक परिवेश के नग्न–यथार्थ को चित्रित करने में आवश्यक जान पड़ते हैं। यदि ऐसे शब्दों को काव्य में वर्जित मानकर जब दूसरे शब्दों का सहारा लिया जाता है, तो मूल कथ्य ही बदल जाता है तथा जो कवि कहना चाहता है उससे भिन्न अर्थ ही ध्वनित होने लगता है। 'साठोत्तरी कविता' ने अनेक शब्दों का प्रयोग उनके परम्परागत अर्थ से हटकर नए प्रचलित अर्थ के रूप में किया है जबकि 'नई कविता' ने उन शब्दों का प्रयोग उसी परम्परागत अर्थों में किया है। इस तरह हम देखते हैं कि साठोत्तरी कविता अपने पूरे रचना–विधान में पूर्ववर्ती कविता से बदली हुई है।''

इस प्रकार 'धूमिल' के युगीन परिवेश की विवेचना करने पर हम पाते हैं कि उनके साहित्यिक जीवन की भावभूमि तैयार करने में इसकी महत्त्वपूर्ण भूमिका रही है। बिना इस परिवेश के अध्ययन के हम 'धूमिल' की कविता के रंग–रूप की पहचान नहीं कर सकते। 'धूमिल' की कविता अपने युगीन सन्दर्भों से अनुप्रमाणित है—अपने युगीन सन्दर्भों से प्राण–ऊर्जा ग्रहण करती है।

सन्दर्भ

1. बशीर बद्र : नई गजल का एक नाम—स. निदा फाजली, पृ. 20
2. समकालीन काव्य–यात्रा–नन्दकिशोर नवल, पृ. 245
3. संसद से सड़क तक—धूमिल—पटकथा, पृ. 100
4. संसद से सड़क तक—धूमिल—पटकथा, पृ. 102
5. संसद से सड़क तक—धूमिल—पटकथा, पृ. 103
6. संसद से सड़क तक—धूमिल—पटकथा, पृ. 117–118
7. संसद से सड़क तक—धूमिल—शहर में सूर्यास्त, पृ. 43
8. संसद से सड़क तक—धूमिल—पटकथा, पृ. 101
9. संसद से सड़क तक—धूमिल—बीस साल बाद, पृ. 10
10. संसद से सड़क तक—धूमिल—प्रौढ़–शिक्षा, पृ. 46
11. संसद से सड़क तक—धूमिल—अकाल–दर्शन, पृ. 16
12. संसद से सड़क तक—धूमिल—मुनासिब कार्रवाई, पृ. 84
13. संसद से सड़क तक—धूमिल—पटकथा, पृ. 127
14. संसद से सड़क तक—धूमिल—बीस साल बाद, पृ. 9
15. संसद से सड़क तक—धूमिल—अकाल–दर्शन, पृ. 17–18
16. आजकल–मई–जून 1994, पृ. 10–12
17. धूमिल के काव्य का सामाजिक सन्दर्भ—डॉ. पीहल, पृ.12
18. धूमिल के काव्य का सामाजिक सन्दर्भ—डॉ. पीहल, पृ. 42
19. आलोचना (त्रैमासिक) जनवरी–मार्च 1998 संपा. नामवर सिंह, पृ. 20–21

धूमिल का व्यक्तित्व
विरोध और संघर्ष की जड़ों की तलाश

'धूमिल' के युग-परिवेश का अध्ययन करते हुए प्रथम अध्याय में हमने देखा कि किस प्रकार युग-परिवेश ने उनकी कविता में विरोध और संघर्ष की भाव-भूमि निर्मित की किन्तु युग-परिवेश मात्र के आधार पर 'धूमिल' की कविता के आक्रोश, विरोध एवं संघर्ष के उत्स की व्याख्या नहीं की जा सकती। आखिर उसी युग-परिवेश में और भी रचनाकार थे। उनकी कविता अथवा उनके लेखन में वह तल्खी क्यों नहीं है जो 'धूमिल' की कविता में है। इसकी पड़ताल हमें विशेष सन्दर्भ में करनी होगी। वह सन्दर्भ है साहित्य रचना में/कृतित्व निर्माण में व्यक्तित्व की भूमिका की पहचान। 'धूमिल' के अपने शब्दों में साहित्य की रचना-प्रक्रिया की पहचान—

> "शब्द किस तरह
> कविता बनते हैं
> इसे देखो
> अक्षरों के बीच गिरे हुए
> आदमी को पढ़ो
> क्या तुमने सुना कि यह
> लोहे की आवाज है या
> मिट्टी में गिरे हुए खून
> का रंग।"[1]

(क) व्यक्तित्व की तलाश

साहित्य-लेखन चाहे वह कविता हो, कहानी हो, उपन्यास या कोई अन्य विधा-आवश्यक रूप से लेखक के व्यक्तित्व से जुड़ी होती है। साहित्यकार का मुख्य कार्य विवरण देना नहीं सृजन करना होता है। सामान्य जीवन की कोई घटना तब तक

कविता-कहानी अथवा उपन्यास नहीं बनती जब तक उसका निर्माण नहीं किया जाता। वह निर्माण साहित्यकार के मानस में किया गया निर्माण है। अतएव जब भी हम 'काव्य' की-साहित्यिक व्याख्या या विश्लेषण का काम शुरू करते हैं तो हमारा ध्यान पहले उस साहित्य पर केन्द्रित नहीं होना चाहिए बल्कि उस साहित्यकार पर होना चाहिए जिसने उसे लिखा है। साहित्यकार क्या सृजन करता है, कैसे सृजन करता है यह कुछ हद तक तो संयोग पर निर्भर करता है परन्तु मुख्यतः इस बात पर निर्भर करता है कि वह किस प्रकार का साहित्य सृजन करना चाहता है। अतएव साहित्य के विश्लेषण के लिए साहित्यकार के मानसिक स्वरूप एवं उसके विचारों की कल्पनात्मक समझ होनी चाहिए जिनको लेकर वह साहित्य रचना है। वास्तव में साहित्य एवं साहित्यकार के व्यक्तित्व के बीच एक अनवरत संवाद चलता रहता है। इसी सन्दर्भ में धूमिल की कविता के 'विरोध एवं संघर्ष' का उत्स भी उनके व्यक्तित्व से जुड़ा है।

लेकिन सवाल यह है कि 'व्यक्तित्व' एवं 'कृतित्व' के सम्बन्ध की व्याख्या किस प्रकार की जाए। एक सरल रेखीय व्याख्या तो यह बनती है कि व्यक्तित्व के बाह्यांग से उसके कृतित्व को सीधे-सीधे जोड़ दिया जाए। मसलन कोई लेखक गरीब हो तो उसके लेखन में अमीरों के विरोध का सीधा सम्बन्ध इसी गरीबी से है। परन्तु ऐसी सरल समाजशास्त्रीय व्याख्या साहित्य के जटिल स्वरूप की व्याख्या करने में सक्षम नहीं है। साहित्य का सम्बन्ध शारीरिक श्रम से नहीं मानसिक सृजन से है एवं शारीरिक संवेगों का मानसिक आवेगों में रूपान्तरण कोई मशीनी/यांत्रिक प्रविधि नहीं है। इस सम्बन्ध में डॉ. नामवर सिंह जी का यह कथन उल्लेखनीय है कि—"समाज से साहित्य का सम्बन्ध कुछ-कुछ वही है जो धरती से फूल का है। फूल धरती से उत्पन्न होता है, इसका मतलब यह नहीं है कि उसके डाल, पात, पंखड़ी, वर्ण, गन्ध आदि मिट्टी के हैं, कि उससे मिट्टी की सी ही सोंधी गन्ध आती है और रंग भी मटमैला होता है। धरती का रूप-रस फूलों में नया वर्ण, गन्ध उत्पन्न करता है। इसी तरह साहित्य में भी समाज ज्यों-का-त्यों नहीं झलकता, बल्कि रूपान्तरित रूप में अन्तर्निहित रहता है।"[2]

'धूमिल' की कविता में उनके व्यक्तित्व की भूमिका एवं उनके व्यक्तित्व के प्रतिफलन को इसी सन्दर्भ में व्याख्यायित किया जा सकता है।

(2) जीवन-परिचय

'धूमिल' के जीवन के अवलोकन के क्रम में हम पाते हैं कि उनका जीवन अनवरत संघर्ष का जीवन रहा। कविता में उनके 'संघर्ष' की जीवन शक्ति सम्भवतः उनके व्यक्तित्व की संघर्षशीलता से ही जुड़ी हुई है।

'धूमिल' का वास्तविक नाम सुदामा प्रसाद पांडेय था। 'धूमिल' के पिता का नाम पं. शिवनायक पांडेय तथा माता का नाम राजवंती देवी था। उनका जन्म 9 नवम्बर, 1936 ई. में उत्तर प्रदेश के खेवली ग्राम में हुआ था, जो वाराणसी नगर से 12 कि. मी. पश्चिम पंचकोसी के तीसरे मुकाम रामेश्वर महादेव से 3 कि. मी. पूर्व वरुणा नदी के दाहिने किनारे पर स्थित है। ये पाँच भाइयों में सबसे बड़े थे। इनके पिता छायावाद के प्रमुख कवि जयशंकर प्रसाद के पिता सुंघनी साहू के यहाँ मुनीम थे, परन्तु अन्तिम दिनों में वे मुनीमगिरी छोड़कर गाँव लौट आए थे और वहीं उन्होंने किराने की दुकान खोल ली थी। 'धूमिल' को बचपन में स्नेहमयी माँ के लाड़-प्यार की छत्र-छाया के साथ-साथ अर्द्धशिक्षित परन्तु सुसंस्कृत विधवा चाची प्रभावती से भी ममता मिली। बचपन में वे शारीरिक दृष्टि से काफी कमजोर थे परन्तु उनके पितामह पं. बिन्देश्वरी पांडेय ने उन्हें अखाड़े ले जाकर मालिश आदि करके बलवान बना दिया था। वे जब मात्र ग्यारह वर्ष (उस समय वे छठी कक्षा में पढ़ते थे) के थे, उनके पिता का देहान्त हो गया। अगले ही वर्ष लालपुर वाराणसी निवासी पं. नान्हक दीक्षित की कन्या मूरत देवी से उनका विवाह हो गया और उसी वर्ष उन्होंने अपने जीवन में पहली तुकबन्दी की थी। 1953 ई. में उन्होंने हरदुआ के कूर्मिक्षत्रिय इन्टर कॉलेज से द्वितीय श्रेणी में हाईस्कूल पास किया। इसके पश्चात् वे वाराणसी के हरिश्चन्द्र कॉलेज में विज्ञान से इन्टरमीडिएट करने गए लेकिन आर्थिक स्थिति अच्छी न रहने से बीच में ही पढ़ाई छोड़ देनी पड़ी और रोजी की तलाश में कलकत्ता आना पड़ा।

कलकत्ता में धूमिल ने पहले लोहा ढोने का काम किया परन्तु कुछ ही दिनों में उनको अपने सहपाठी तारक नाथ पांडेय के सहयोग से 'मेसर्स तलवार ब्रदर्श प्राइवेट लिमिटेड' नामक लकड़ी की व्यावसायिक कम्पनी में 'पासिंग ऑफिसर' की नौकरी मिल गई। इसे भी उन्होंने कम्पनी के मालिक से अनबन हो जाने पर छोड़ दिया। यह नौकरी उन्होंने लगभग चार वर्ष तक की। तत्पश्चात उन्होंने काशी हिन्दू विश्वविद्यालय स्थित औद्योगिक प्रशिक्षण केन्द्र (आई.टी.सी.) में विद्युत प्रविधि में प्रशिक्षण के लिए जनवरी 1957 में प्रवेश लिया और जून 1958 में प्रथम श्रेणी में प्रथम स्थान के साथ विद्युत डिप्लोमा प्राप्त किया। तत्काल ही वे इसी विभाग में विद्युत अनुदेशक के पद पर वाराणसी में नियुक्त हुए। 1963 में पदोन्नति के साथ वे 'पर्यवेक्षक' बनकर बलिया भेज दिए गए। वहाँ प्रशंसनीय कार्य करने के कारण कुछ समय पश्चात् फिर वाराणसी बुला लिए गए। बिजली विभाग के कर्मचारियों में उनकी बढ़ती प्रतिष्ठा और वाराणसी वासियों में कवि रूप में होती ख्याति से उनके उच्च अधिकारियों का माथा ठनका। परिणामतः उन्हें सहारनपुर स्थानान्तरित किया गया। परन्तु बाद में वे प्रयत्न करके 1968 में पुनः वाराणसी आ गए। जून 1974 में उनका सीतापुर

स्थानान्तरण कर दिया गया, जिसके पीछे उनके द्वारा औद्योगिक प्रशिक्षण कर्मचारियों के एक अधिवेशन में श्रेष्ठ पदासीन स्वार्थी एवं भ्रष्ट पदाधिकारियों की पोल खोलने का कारण निहित था। जिस दिन वे सीतापुर गए उसी दिन छुट्टी लेकर बनारस आ गए। घर आते ही उनकी बहुत दिनों से चली आ रही सिर दर्द की बीमारी शुरू हो गई और अन्त में 18 अक्टूबर 1974 को काशी हिन्दू विश्वविद्यालय के मेडिकल कॉलेज में उनको भर्ती करा दिया गया। 28 अक्टूबर 1974 को डाक्टरी जाँच से पता चला कि उन्हें 'ब्रेन ट्यूमर' है। तत्काल उन्हें लखनऊ के किंग जार्ज मेडिकल कॉलेज-लखनऊ पहुँचाया गया। वहाँ वे 1 नवम्बर 1974 को अस्पताल में भर्ती हुए। परन्तु साहित्यिक मित्रों की भारी दौड़-धूप के बावजूद भी काल के निर्मम हाथों ने 10 फरवरी, 1975 की रात को 0 बजकर 50 मिनट पर 'धूमिल' को इस संसार के साथ-साथ साहित्य-जगत से भी छीन लिया। 11 फरवरी की शाम को 6 बजे वाराणसी के मणिकर्णिका घाट पर उनका दाह-संस्कार किया गया।

'धूमिल' के इस जीवन परिचय से स्पष्ट है कि 'धूमिल' का जीवन अभाव एवं संघर्ष का जीवन था। जिस आदमी का पिता बचपन में गुजर जाए, जिसकी पढ़ाई इस कारण से बाधित हो कि घर का खर्चा कैसे चले एवं जिस आदमी को नौकरी की खोज में लोहा ढोने का काम करना पड़े; उनके विषय में इतना तो कहा ही जा सकता है—वह अनुभव के मामले में दुनिया की रग-रग से वाकिफ होगा। 'धूमिल' की कविताओं में विरोध एवं संघर्ष के स्वर में जो तल्खी है उसमें उनके जीवन-संघर्ष की महत्त्वपूर्ण भूमिका है। भूख, दरिद्रता एवं अभाव की दुनिया से टकराने वाले 'धूमिल' के लिए केन्द्रीय संवेदना कविता में भी 'भूख' ही रही। उनकी कविताओं में राजनीति एवं संसद की बार-बार चर्चा से इस भ्रम में पड़ना सही नहीं होगा कि वे राजनीति को ही कविता की केन्द्रीय वस्तु मानते थे। वास्तव में 'धूमिल' की पहली चिन्ता 'आम आदमी' था। उस 'आम आदमी' की चिन्ता उनके इन शब्दों में अभिव्यक्ति होती है—"विभिन्न गुटों, वादों, भाषाओं और संप्रदायों में विभाजित देश का एक बड़ा हिस्सा भूख और भाषा के संकट से गुजर रहा है। आर्थिक दबाव के नीचे पिसकर उसकी शिनाख्त खत्म हो गई है। वह कहीं शरीक नहीं है। ऐसा नहीं कि आज का आदमी इस दुहरे संकट से जूझ नहीं रहा है। वह लड़ रहा है किन्तु अकेले की लड़ाई ने उसे असहाय बना दिया है। ऐसी स्थिति में वह या तो तटस्थ होकर रह गया है या फिर निर्मम। आदमी और आदमी के बीच सारे सम्बन्ध टूट रहे हैं। इस तरह न केवल आर्थिक असन्तुलन बढ़ा है बल्कि कहीं बहुत गहरे उसकी भाषा भी इस साजिश का शिकार हुई है।"[3] 'धूमिल' बार-बार राजनीति एवं संसद से इसलिए टकराते हैं कि उनकी समझ से इस भूख एवं गरीबी का मूल कारण तत्कालीन राजनीतिक व्यवस्था ही थी। उनका तत्कालीन राजनीति से मोहभंग का

आधार यही है कि इससे परिवर्तन की कोई लहर नहीं उठ सकी। कहने का तात्पर्य यह है कि 'धूमिल' की मुख्य चिन्ता में 'आम आदमी' की व्यथा-कथा है। एक अर्थ में यह 'धूमिल' की अपनी व्यथा-कथा है। 'निराला' के शब्दों में 'दु:ख ही जीवन की कथा रही'। इस अर्थ में 'धूमिल' की कविता अन्दर से बाहर और बाहर से अन्दर जाने दोनों दिशाओं में भ्रमण करती है। वे अपने 'स्व' का विस्तार करके उसे आम जनता का स्वर बनाते हैं एवं बाहर की दुनिया का अनुभव अपने जीवन संघर्षों से जोड़कर 'बाह्य का अभ्यांतरीकरण' करते हैं।

संक्षेप में हम कह सकते हैं कि 'धूमिल' विरोध एवं संघर्ष की युगीन भाव-भूमि में अलग इसलिए नजर आते हैं कि उनके अपने जीवन-संघर्ष ने उनकी वाणी को वह आँख दी है जिसके अन्दर दुनिया बेपर्दा होकर दिखती है।

(ग) अन्तर्मन की पहचान

'धूमिल' के जीवन परिचय के अतिरिक्त उनके व्यक्तित्व के कुछ आन्तरिक पहलुओं की चर्चा भी उनके काव्य-विकास को समझने के लिए अनिवार्य है। स्वर्गिय धूमिल व्यक्तित्व के कई पहलू उनके बारे में लिखे गए औरों के लेखों से और डायरी के पन्नों से उजागर होते हैं।

एक साधारण किसान परिवार में उत्पन्न होने के कारण धूमिल ने गरीबी को केवल देखा ही नहीं था, किन्तु स्वयं भोगा भी था। इसीलिए वे गरीबों, मजदूरों आदि के दु:ख-दर्द को अच्छी तरह से समझते थे, उनके द:ख-सुख में सदा साथ रहते थे। धूमिल के देहावसान के बाद जब राजशेखर व कवि रामेश्वर त्रिपाठी धूमिल के व्यक्तित्व के बारे में जानकारी प्राप्त करने उनके गाँव गए तो एक मल्लाह के मनोद्गार थे—"भइया भगवान हमहन पर गजब गिरा देहतन। अब हम गरीबन के खेवनहार इहवाँ कोई नाही रह गयल। गरीबन के देवता मर गयल भइया, अब गाँव में हमहन के खातिन लड़ेवाला कोई नाही हउवै।"[4] धूमिल की प्रवृत्ति परोपकारी की थी। वे हमेशा दूसरों का भला सोचते ही नहीं बल्कि करते भी थे। अपने दुश्मन का भी उन्होंने बुरा नहीं सोचा। उन्होंने अपनी डायरी में एक जगह लिखा है, "आज ही ज्ञात हुआ कि छेदी पांडे ने थाने में दिनांक 23-02-69 को भी रिपोर्ट दर्ज कराई है। मेरे और कन्हैया के खिलाफ दफा 424, 504 व 506 के अन्तर्गत। समय सुबह, यह मजाक नहीं तो क्या है। मुझे अच्छी तरह याद है कि रविवार तारीख 23-2-1969 को मैं घर 2 बजे दिन में पहुँचा... लेकिन यहाँ सब कुछ हास्यास्पद ही नहीं अनैतिक भी है कि छेदी पांडे इस कदर वैमनस्य पर उतर आए हैं कि मेरी अनुपस्थिति पर भी मेरी रिपोर्ट कर रहे हैं। ईश्वर उन्हें सुबुद्धि दे।"[5]

'धूमिल' धार्मिक परम्परा, जाति-पाति आदि में बिलकुल विश्वास नहीं रखते

थे। चोटी तथा जनेऊ धारण करना उन्हें पसन्द नहीं था। मुसलमान और ईसाई के घर का खाना खाने में उन्हें कोई परहेज नहीं था। व्यावहारिक जिन्दगी में वे ईमानदार, निर्भीक, साहसी तथा स्पष्ट वक्ता थे। अन्याय, भ्रष्टाचार आदि उन्हें कभी नहीं सहन होता था। इसी अन्याय और भ्रष्टाचार के विरुद्ध उन्होंने बिजली विभाग के श्रेष्ठ पदाधिकारियों की स्वार्थ एवं भ्रष्टाचारपूर्ण नीतियों का पर्दाफाश किया था जिसके कारण उन्हें स्थानान्तरण की सजा भुगतनी पड़ी। उनमें स्वाभिमान का भाव भी कूट-कूटकर भरा हुआ था। इसी स्वाभिमान के कारण ही उन्हें लकड़ी की व्यावसायिक कम्पनी की नौकरी छोड़नी पड़ी थी। अपनी इस नौकरी के दौरान जब वे बीमार होकर, चारपाई पर पड़े थे, कम्पनी के मालिक मि. तलवार ने उन्हें ट्रंक कॉल द्वारा तत्काल मोतीहारी से गौहाटी जाने का आदेश दिया। धूमिल ने मि. तलवार को बताया कि "मैं अस्वस्थ हूँ।" इस पर क्रुद्ध होकर मि. तलवार ने कहा—"आई एम पेइंग फार माइ वर्क, नॉट फोर योर हैल्थ।" प्रत्युत्तर में 'धूमिल' ने हथौड़े की तरह चोट करते हुए कहा—"बट आइ एम वर्किंग फार माइ हैल्थ, नॉट फार योर वर्क।"[6]

'धूमिल' में ज्ञानार्जन की लालसा अत्यधिक थी। उन्होंने अपने कम पढ़े-लिखे होने की कमी को परिश्रम तथा गहन अध्ययन करके दूर किया। इसी तथ्य को स्पष्ट करते हुए डॉ. काशीनाथ सिंह जी ने लिखा है, "धूमिल में ज्ञान की गजब भूख थी जिसे वह अपनी परिश्रम करने की क्षमता से मिटाता था। उससे परिचय के दिनों की एक घटना याद है मुझे। वह अस्सी पर किसी से बात करते हुए बार-बार 'मैं कहा हूँ' बोल रहा था। मैंने टोका और बताया कि सही 'मैंने कहा है' है। वह उसी दिन मेरे यहाँ से 'गुरु' का हिन्दी व्याकरण ले गया और थोड़े दिनों में व्याकरण ही नहीं, भाषा की खूबियों और बारीकियों के बारे में भी बात करने समर्थ हो गया था।—उस पर कोई धुन सवार होनी चाहिए और उस धुन के दौरान हर जगह लिखने, पढ़ने और सुनने में उसकी नजर हमेशा उसी एक चीज पर रहती। उसे लगा कि उसकी अंग्रेजी कमजोर है। उसने डिक्सनरी खरीदी और गिन्सबर्ग, कामू की डायरी, येन्तुशेको, आस्कर वाइल्ड आदि को उसकी मदद से पढ़ना शुरू किया। उसे लगा कि अंग्रेजी बोलनी नहीं आती। उसने नागानन्द के साथ वाराणसी आए हिप्पियों की संगत शुरू कर दी।"[7]

धूमिल के व्यक्तित्व के कुछ अंतरंग पहलुओं को काशीनाथ सिंह ने अपने संस्मरण 'जी ही जाने है आह मत पूछे' में उजागर किया है। कुछ चुनिन्दा प्रसंग जो उसके व्यक्तित्व को उजागर करते हैं—

" 'धूमिल' जैसे मुँहफट, बेलगाम, अस्थिर और बात-बात पर तैश में आकर गाली-गुफ्ता कर बैठनेवाले आदमी से कैसी दोस्ती...कब किस बात पर वह किस को अपमानित कर बैठे...जिसमें किसी का लिहाज ही नहीं...

...'धूमिल' के लिए ऐसी बातें बकवास थीं—एकदम बेकार। लिहाज ? किसका लिहाज ? आपके ओहदे का ? आप प्रोफेसर हों, डॉक्टर हों, इंजीनियर हों, बड़ी भारी तोप हों, चाहे जो हों, लेकिन बातें टुच्ची करते हैं, दिमागी तौर पर दिवालिया हैं, घटिया चीजों में दिलचस्पी लेते हैं तो आप बर्दास्त के बाहर हैं।''[8]

''चौराहे पर या जनसाधारण के बीच तथाकथित गन्दे शब्दों को बोलते समय न कभी धूमिल की जबान अटकती थी और न लटपटाती थी। उसके लिए वे निरे शब्द होते थे। उनकी गन्दगी धुल चुकी होती थी। उस गाँव के किसान की तरह जो मतलब से बेपरवाह होकर अपनी बहन, बेटी, भाई को गुस्से में धुआँधार गालियाँ देता है और फिर शान्त पड़ जाता है...''[9]

''पड़ाइन धूमिल के साथ कभी नहीं रहा न बलिया में, न नवाबगंज (बनारस) में और न हकीकत नगर (सहारनपुर) में। लेकिन 'धूमिल' के लिए इस समूची पृथ्वी पर औरत केवल एक ही थी—उसकी पत्नी मूरत देवी। मैंने उसे कभी किसी लड़की या औरत में या औरत के प्रसंग में दिलचस्पी लेते नहीं देखा।''

''धूमिल चौराहे पर होता या चाय की दुकान में, या कहीं भी, बात चाहे जहाँ की हो रही हो या चाहे जहाँ से शुरू हो, वह उन्हें खींचकर कविता पर ले आता। यही नहीं, अगल-बगल और आस-पास जो भी बैठे हो, चाहे वह जिस धंधे या पेशे के हों, 'धूमिल' उनकी खिल्ली उड़ाकर या व्यंग्य करके या सम्बोधित करके उनके भीतर का 'परायापन' हटा करके अपनी कविता की बहस में उन्हें शरीक कर लेता।

यह खूबी मैंने 'धूमिल' के सिवा और किसी कवि या कथाकार में नहीं देखी।''[10]

''धूमिल अपने आप में अपनी कविता था—कविता के ही मुहावरों की तरह उसका व्यक्तित्व धारदार व चमकदार था।

अमूमन होता यह है कि जब आदमी झूठ बोलता है या गलत का समर्थन करता है तो उसकी आवाज बेदम होती है और उसका आत्मविश्वास भी कँपकँपाता दिखाई पड़ता है। 'धूमिल' की आवाज और आत्मविश्वास में कोई फर्क नहीं पड़ता था। ऐसा वह अक्सर जानबूझकर करता था। दूसरों को चिढ़ाने के लिए और उन्हें उगलवाने के लिए भी।

वह बतियाते समय भी सूक्तियाँ बोला करता था। कभी सार्थक, कभी निरर्थक मगर हमेशा उत्तेजक।''[11]

"मैंने पाया कि 'धूमिल' वह कबाड़ी है जो ऐसे हर सामान को बड़ी सावधानी और एहतियात से बटोरता रहता है, जिसे दूसरे रद्दी और फालतू समझकर छोड़ या फेंका करते हैं।"[12]

"उसके दिमाग में उसकी कविताओं की चर्चा और साहित्यिक स्वीकृति चढ़ने लगी थी, जिसके चलते वह 'बहस के लिए' करने पर उतारू हो जाता था। वह घुमा-फिराकर, अपनी बात पर तब तक अड़ा करता था जब तक आप चुप न हो जाएँ या झल्लाकर कह न दें कि तुम्हीं सही हो। बहस उसके लिए सहमति-असहमति या विचार विनिमय या सही-गलत की नहीं, जय-पराजय की चीज थी। उसके लिए यह 'विवाद' या 'संवाद' नहीं, एकालाप होती जा रही थी। जिसमें दूसरा-तीसरा सिर्फ श्रोता होकर रह जाता था।"[13]

"उसके स्वभाव या व्यवहार से बहुतों को—बल्कि सबों को-लगता था कि यह झगड़ालू, उजड्ड, मुँहफट्ट, मार-पीट पर उतारू और बगैर तौर-तरीके का आदमी है। मैं जानता था कि ऐसा वह है नहीं, सिर्फ लगता है। मैंने उससे एकाध बार कहा कि अपनी यह 'इमेज' बदलो। लेकिन उसका कहना था कि जैसे लोगों के बीच रहना पड़ रहा है, वहाँ ऐसा दिखना जरूरी है, वरना या तो वे पालतू बना लेंगे या हजम कर जाएँगे।"[14]

"इतने वर्षों बाद मुझे यह कहने में हिचक नहीं कि उतना 'मानवीय' मैंने कम लेखक देखे हैं। छोटी-छोटी बातें, मामूली घटनाएँ जिनसे हम बचके निकल जाते हैं, राह चलते उसे रोक लेती थीं। किसी रिक्शवाले से सवारी का झगड़ा हो, कोई रिक्शा उलट जाए और सवारी दूर जा लुढ़के, रिक्शा और साइकिल भिड़ जाए, किसी सब्जीवाले से ग्राहक की तकरार हो, कुँजड़े आपस में लड़ रहे हों, कहीं मारपीट हो—धूमिल वहाँ हाजिर। वह बहसें छोड़कर भागता था और मामले को समझने की कोशिश करता था या अनुमान से किसी एक तरफ हो लेता था।..."[15]

"उसे संन्यास तो न कहे लेकिन धूमिल में एक अजीब किस्म की निस्संगता थी। हम तमाम लोगों के बीच अचानक वह अकेला असंग महसूस करने लगता था। खुद के स्वभाव के उलट ऐसी कविताएँ या शेर जिनमें उदासी और अकेलेपन की गूँज थी, उसे बहुत अच्छे लगते थे।"[16]

"वह एक समर्पित कवि थे। और कविता को बदलते हुए समाज के हाशिए पर नहीं

देखना चाहते थे। वे चाहते थे कि कविता उसी तरह से लोगों की जबान की जरूरत हो, जैसे चाय, जैसे रोटी।''[17]

(घ) व्यक्तित्व एवं कविता का अन्तर्सम्बन्ध

अब तक हमने 'धूमिल' के जीवन एवं उनके व्यक्तित्व के कुछ अन्तरंग पहलुओं की चर्चा की। उनका व्यक्तित्व उनके कृतित्व को किस प्रकार प्रभावित करता है इसकी पहचान के लिए हम उनकी कविताओं के माध्यम से उनके व्यक्तित्व के कुछ पहलुओं का उद्घाटन कर सकते हैं। 'धूमिल' के व्यक्तित्व के उपरोक्त पहलुओं के विश्लेषण बिना उसकी काव्य-मानसिकता की संश्लिष्ट बुनावट को नहीं समझा जा सकता। 'धूमिल' के जीवन परिचय से स्पष्ट है कि सुदामा पांडेय के पारिवारिक नाम से अभिहित 'धूमिल' का परिवार मध्यवर्गीय अभावों तथा संस्कारों से ग्रसित था। अपने मध्यवर्गीय संस्कारों से वे अपनी कविता में बार-बार टकराते नजर आते हैं—

''जब
सड़कों में होता हूँ
बहसों में होता हूँ
रह-रह चहकता हूँ
लेकिन हर बार वापस घर लौटकर
कमरे के अपने एकान्त में जूते से निकाले गए पाँव सा महकता हूँ।''[18]

यह एकान्त कथा 'धूमिल' के अपने मुहावरे में उनके अन्तर्मन की पहचान है। यह पहचान आत्मावलोकन के क्षणों में बार-बार उजागर होती है—

''उम्र के सत्ताईस साल
उसने भागते हुए बिताए हैं
उसके पेशाब पर चीटियाँ रेंगती हैं
उसके प्रेम पत्रों की आँच में
उसकी प्रेमिकाएँ रोटियाँ सेंकती हैं''[19]

'धूमिल' अपनी कविताओं में मध्यवर्गीय संस्कारों की मजबूरियों से बार-बार दो-चार होते हैं—

''सचमुच मजबूरी है
जिन्दा रहने के लिए
पालतू होना जरूरी है।''[20]

क्योंकि वे जानते हैं कि मध्यवर्गीय आदमी अपने संस्कारों से बाहर क्यों नहीं निकल पा रहा है—

"यद्यपि यह सही है कि मैं
ठंडा आदमी नहीं हूँ
मुझमें भी आग है
मगर वह
भभककर बाहर नहीं आती
क्योंकि उसके चारों तरफ चक्कर काटता हुआ
एक 'पूँजीवादी' दिमाग है
जो परिवर्तन तो चाहता है
मगर आहिस्ता-आहिस्ता
कुछ इस तरह कि कोख भी ढँकी रहे
और विरोध में उठे हुए हाथ की
मुट्‌ठी भी तनी रहे...
और यही वजह है कि बात
फैसले की हद तक
आते-आते रुक जाती है
क्योंकि हर बार
चन्द टुच्ची सुविधाओं की लालच के सामने अभियोग की भाषा चुक
जाती है।"[21]

'धूमिल जहाँ भी जनता को सम्बोधित करते हैं उसमें कहीं न कहीं खुद को भी उससे जोड़कर देखते हैं—

"जनता क्या है?
एक शब्द...सिर्फ एक शब्द है
कुहरा और कीचड़ और काँच से
बना हुआ...।
एक भेड़ है
जो दूसरों की ठंड के लिए
अपनी पीठ पर
उन की फसल ढो रही है।"[22]

'धूमिल की कविताओं में जनता की एवं खुद की आलोचना की व्याख्या करते हुए डॉ. नन्दकिशोर नवल लिखते हैं—"धूमिल व्यवस्था को बदलना चाहते हैं, लेकिन उसके लिए न अपने को तैयार पाते, न जनता को। स्वभावत: उनका गुस्सा दोनों पर है। 'उस औरत की बगल में लेटकर' कविता में उन्होंने कहा है कि 'मेरे भीतर एक कायर दिमाग है/जो मेरी रक्षा करता है।' जनता पर अपना गुस्सा उन्होंने

अनेक कविताओं में उतारा है, जो इस बात का सबूत है कि पुराने प्रगतिशील कवियों की तरह उन्होंने जन-पूजा नहीं की। 'जनतंत्र के सूर्योदय में' में वे जनता की भर्त्सना इसलिए करते हैं कि वह जनतंत्र-दहन में अपनी उदासीनता से शरीक हैं। 'अकाल-दर्शन' शीर्षक कविता में भी उन्होंने लोगों को आड़े हाथों लिया है, क्योंकि वे 'अकाल को सोहर की तरह गा रहे हैं।' इसी कविता में ये धक्कामार, लेकिन सटीक पंक्तियाँ आती हैं—'इस देश के/एकता युद्ध की और दया/अकाल पूँजी है।/क्रान्ति—/यहाँ के असंग लोगों के लिए/किसी अबोध बच्चे के—/हाथों की जूजी है।' ऐसी ही पंक्तियाँ 'नक्सलबाड़ी' कविता में भी हैं, जिनमें 'धूमिल' ने वामपन्थ की तरफ लोगों का झुकाव न होते देखकर कहा है: 'यह एक खुला हुआ सच है कि आदमी—दाएँ हाथ की नैतिकता से/इस कदर मजबूर होता है/कि तमाम उम्र गुजर जाती है मगर गाँड़/सिर्फ, बायाँ हाथ धोता है।' 'शहर, शाम और एक बूढ़ा: मैं 'कविता से यह स्पष्ट है कि उन्हें उन 'अच्छे नागरिकों' से नफरत थी, जिन्हें चौराहे पर कवायद करते हुए ट्रैफिक पुलिस के चेहरे पर हमेशा जनतन्त्र का नक्शा नजर आता है। 'पटकथा' में धूमिल' ने जनता के बारे में बहुत झुँझलाकर कहा है : 'एक भेड़ है/जो दूसरों की ठंड के लिए/अपनी पीठ पर ऊन की फसल ढो रही है।' यह भी स्वाभाविक है कि ऐसी जनता जब शिक्षा प्राप्त करने की ओर बढ़े तो कवि को प्रसन्नता हो। इसका प्रमाण उनकी 'प्रौढ़ शिक्षा' शीर्षक कविता है जिसमें उन्होंने कहा है : 'यह भविष्य है यानि कि शब्दों की दुनिया में/आने की सहमति। तुमने पहली बार/बीते दिनों की यातना के खिलाफ/मुँह खोला है।' यहीं धूमिल की 'मोचीराम' शीर्षक प्रसिद्ध कविता का जिक्र भी आवश्यक है। मोचीराम उनकी कविता में आम आदमी का प्रतिनिधि है, जिसमें अनेक खूबियाँ हैं। एक तो वह यह हमेशा याद रखता है कि 'पेशेवर हाथों' और फटे हुए जूतों के बीच/कहीं-न-कहीं एक अदद आदमी है', दूसरे, गरीब और अमीर का भेद भी समझता है, तीसरे, उसकी मान्यता यह है कि 'जिन्दा रहने के पीछे/अगर सही तर्क नहीं है/तो रामनामी बेचकर या रंडियों की/दलाली करके रोजी कमाने में/कोई फर्क नहीं है' और चौथे, वह निरक्षर होते हुए भी विद्रोही हैं, क्योंकि अन्त में वह कहता है—'मैं जानता हूँ कि 'इनकार से भरी हुई चीख!/और 'एक समझदार चुप' दोनों का मतलब एक है।''[23]

विरोध की अपनी अनुभूति को 'धूमिल' पलायन से पूर्व की मुँह-चिढ़ाने की मुद्रा विशेष तक सीमित नहीं करना चाहते थे। एक कवि के नाते वे अपनी जिम्मेदारी से पूरी तरह वाकिफ थे। उस सौन्दर्यशास्त्र से उन्हें स्वभावत: चिढ़ थी जो जीवन-यथार्थ से निरपेक्ष आत्मरति के दोहन में व्यस्त था अथवा चीजों को अपने कल्पना-जाल में उलझाकर उन्हें वास्तविकता से दूर हटाने में प्रयत्नशील था। जब वे पूछते हैं कि—

''कविता में आने से पहले/मैं आपसे ही पूछता हूँ
जब इससे न चोली बन सकती है! न चोंगा
तब आपै कहो-/इस ससुरी कविता को
जंगल से जनता तक/ढोने से क्या होगा?''[24]

तब वे कविता के सामाजिक पक्ष की ओर पूरी सशक्तता से हमारा ध्यान आकृष्ट करते हैं।

'धूमिल' का यह अहसास उनकी अपनी समझदारी का उत्स था। इसे उन्होंने अर्जित किया था—प्राप्त किया था। यह उसके आत्मसंघर्ष की उपलब्धि थी। उनकी समझ का उत्स-बिन्दु था, उनका गाँव तथा उससे जुड़े हुए लोग जो प्रजातन्त्र में निरर्थक भूमिका निभाने के लिए अभिशप्त थे। यदि कोई कवि या रचनाकार उनके पास जाता भी था, तो उनके दुख में, उनकी उलझनों में, हिस्सेदारी के लिए नहीं, बल्कि अपनी रचना के रूपाकार की नई खुराक के लिए, ताकि उसे एक ताजगी प्राप्त हो सके—उसकी एक नई पहचान बन सके। 'धूमिल' वहाँ गए तो यह कहने के लिए कि 'अपने लोग की भीड़ में/भाषा को धीरे से धँसाओ' तब 'बिना किसी घाव के शब्द-/बाहर आ जाएँगे' और उन्हें परखने के लिए अपने चेहरे को ही बाट की जगह रखना होगा।'

'सीधी लेखक-शिविर' में 'बातचीत' के दौरान 'धूमिल' ने अपने परिवेश और अपनी कविता को जुड़ा हुआ बताते हुए कहा था कि—''आम आदमी की तकलीफें, आम आदमी का दुख, आम आदमी की अपनी जिम्मेदारियाँ या अपनी किसानी (हम लोगों ने यह शब्द इस्तेमाल करना ज्यादा अच्छा समझा है) को चरितार्थ करने का जो अनुभव-जोखिम होता है...'' (पूर्वग्रह अंक 7, राजेश जोशी के लेख से उद्धृत) 'धूमिल' ने इस पक्षधरता को स्वीकार किया जो जोखिम भरा काम था।[25]

लेकिन इस जोखिम को उठाना उन्हें लाजिमी लगा क्योंकि उसके बिना उसका अनुभव ईमानदारी से अभिव्यक्त नहीं हो सकता था।

वास्तव में 'धूमिल' का व्यक्तित्व व्यवस्था-विरोधी है और उनका विरोध इस आग्रह पर टिका है कि लोग सामयिक हालात के बनाए रखने में सक्रिय तत्त्वों को पहचानें तथा स्थिति का नियंत्रण अपने हाथों में लें। सही मायने में इस विरोध में आत्म बलिदान की प्रेरणा के साथ कुछ कारगर कार्रवाई करने का भाव है।

''जिन्दा रहने के पीछे/अगर सही तर्क नहीं है
तो रामनामी बेचकर या रंडियों की/दलाली करके रोजी कमाने
में कोई फर्क नहीं है।''[26]

काव्य-सरोकार स्पष्ट होने के कारण 'धूमिल' पूरी प्रतिबद्धता के साथ उसकी पूर्ति के आकांक्षी थे। फलस्वरूप वे अपने समसामयिक जीवन, विशेषत: राजनीति

से निरन्तर जुड़े रहे। लेखन के लिए राजनीति को वे जरूरी मानते थे। उन्होंने लिखा है कि—"युवा लेखन के लिए राजनीतिक समझदारी जरूरी है। बिना इस राजनीतिक समझदारी के आज का लेखन सम्भव नहीं।" ('कल सुनना मुझे'—भाषा की रात में: धूमिल की भूमिका) 'धूमिल' का राजनीतिक सरोकार आम आदमी की चिन्ता से सम्बद्ध है। वे कवि और आम आदमी के जीवन-सरोकार को अभिन्न मानते हैं। उनकी दृष्टि में कवि की विशिष्टता इस सरोकार की सजगता तथा उसकी सार्थक अभिव्यक्ति में है।

उनके विरोध की जड़ें समझ की इसी जमीन से जुड़ी हुई थीं। और, इसलिए विरोध से हटकर लेखन समसामयिक दृष्टि से उन्हें 'आत्महीनता' लगता था—

"वक्त को रगड़कर
मिटा देने के लिए
सिर्फ उछलते शरीर ही काफी नहीं हैं
जब कि हमारा चेहरा रसोईघर की
फूटी पतीलियों के ठीक सामने है।"[27]

इस प्रकार धूमिल का व्यक्तित्व विश्लेषण करने पर हम पाते हैं कि उनके व्यक्तित्व को रूपाकार देने में कई तत्त्वों का योगदान रहा। उनकी कविता के अनुभवों को उनके जीवन की परिस्थितियों ने धारदार बनाया। उन्होंने अपनी आजीविका की शुरुआत लोहा ढोने के काम से की थी। उनकी अन्तिम कविता—में उस लोहे की आवाज की प्रतिध्वनि मौजूद है। ऐसे में उनके व्यक्तित्व के सन्दर्भ में कवि केदारनाथ अग्रवाल की पंक्तियाँ याद आती हैं—

"मैंने उसको जब-जब देखा-लोहा देखा
लोहे जैसा तपते देखा, गलते देखा, ढलते देखा
मैंने उसकी गोली जैसे चलते देखा।"[28]

उनका यही व्यक्तित्व उनकी कविता में उन्हें 'विरोध एवं संघर्ष' के लिए प्रेरित करता है एवं उन्हें 'अदम्य ऊर्जा' के कवि के रूप मयें प्रतिष्ठित करता है।

सन्दर्भ

1. कल सुनना मुझे—धूमिल-धूमिल की अंतिम कविता, पृ. 80
2. इतिहास और आलोचना-नामवर सिंह, पृ. 145-146
3. समकालीन काव्य यात्रा-नन्द किशोर नवल, पृ. 276
4. कल सुनना मुझे—धूमिल—भूमिका, पृ. 2
5. अर्थात् (पाँच अगस्त 1977)—सं. अक्षय उपाध्याय, पृ. 10
6. कल सुनना मुझे—धूमिल (राजशेखर का लेख मरणोत्तर धूमिल एक कथा यात्रा), पृ. 14
7. याद हो कि नहीं याद हो—काशीनाथ सिंह, पृ.

8. याद हो कि नहीं याद हो—काशीनाथ सिंह पृ. 82
9. याद हो कि नहीं याद हो—काशीनाथ सिंह, पृ. 85
10. याद हो कि नहीं याद हो—काशीनाथ सिंह, पृ. 87, 95, 96
11. याद हो कि नहीं याद हो—काशीनाथ सिंह, पृ. 96
12. याद हो कि नहीं याद हो—काशीनाथ सिंह, पृ. 99
13. याद हो कि नहीं याद हो—काशीनाथ सिंह, पृ. 102
14. याद हो कि नहीं याद हो—काशीनाथ सिंह, पृ. 107
15. याद हो कि नहीं याद हो—काशीनाथ सिंह, पृ. 107
16. याद हो कि नहीं याद हो—काशीनाथ सिंह, पृ. 110
17. याद हो कि नहीं याद हो—काशीनाथ सिंह, पृ. 113
18. संसद से सड़क तक—धूमिल 'एकान्त कथा', पृ. 23
19. संसद से सड़क तक—धूमिल 'एक आदमी', पृ. 54
20. संसद से सड़क तक—धूमिल 'शहर का व्याकरण', पृ. 56
21. संसद से सड़क तक—धूमिल 'पटकथा', पृ. 115
22. संसद से सड़क तक—धूमिल 'पटकथा', पृ. 104
24. संसद से सड़क तक—धूमिल 'कवि 1970', पृ. 62
25. पूर्वाग्रह अंक-7 राजेशी जोशी के लेख से उद्धृत
26. संसद से सड़क तक—धूमिल 'पटकथा', पृ. 40
27. संसद से सड़क तक—धूमिल 'उस औरत के बगल में लेटकर', पृ. 27
28. केदारनाथ अग्रवाल की कविता।

धूमिल की काव्य-यात्रा : विरोध एवं संघर्ष की जमीन

'धूमिल' के काव्य-लोक में प्रवेश का रास्ता तलाशने के क्रम में हम उनके युग एवं उनके व्यक्तित्व का विश्लेषण कर चुके हैं। इस अध्याय में हम उनकी काव्य-यात्रा का एक संक्षिप्त विवेचन करेंगे। 'धूमिल' की कविताओं को समझने के लिए यह यात्रा इसलिए आवश्यक है कि हम उनकी कृतियों को 'समग्र रूप से' देख सकें। विवेचन-निरपेक्ष रूप से। बिना किसी पूर्वग्रह के।

(क) काव्य-यात्रा का उन्मेष

'धूमिल' के जीवन-परिचय के क्रम में हमने देखा कि उनकी काव्यात्मक अभिरुचि बचपन से ही रूप लेने लगी थी। कविता की शुरुआत उन्होंने गीतों से की। उनके प्रथम काव्य संग्रह का प्रकाशन सन् 1961 में 'बाँसुरी जल गई' नाम से हुआ। डॉ. ब्रह्मदेव मिश्र ने लिखा है कि "यह सर्वविदित है कि आरम्भिक कवि-जीवन में 'धूमिल' ने अपनी भावना को अभिव्यक्त करने के लिए गीतों की बंशी को माध्यम बनाया, लेकिन वस्तुस्थिति से परिचित होते ही उसने शीघ्र ही इससे मुक्ति पा ली।"[1]

ऐसा प्रतीत होता है कि 'धूमिल' के इस गीत संग्रह को उनकी काव्य-यात्रा के विश्लेषण-क्रम में बहुत कम जगह मिली है। प्रायः आलोचकों ने उनके बाद के संग्रह 'संसद से सड़क तक' को उनकी काव्य-यात्रा का प्रथम कदम माना है। मेरे विचार से 'संसद से सड़क तक' एक कवि की संवेदना की सचेतन अभिव्यक्ति है। किन्तु इस अभिव्यक्ति से पूर्व भी 'धूमिल' की कविता का एक रंग है। इस रंग की तलाश आवश्यक है क्योंकि कवि केवल अपनी सचेतन अभिव्यक्ति से ही नहीं जाना जा सकता। 'धूमिल' ने भले ही नेहरू से मोहभंग के दौर में नेहरू की आलोचना करते हुए लिखा है कि—

"मैं अपनी सम्मोहित बुद्धि के नीचे
उसी लोकनायक को
बार-बार चुनता रहा
जिसके पास हर शंका और

हर सवाल का
एक ही जवाब था
यानी कि कोट के बटन-होल में
महकता हुआ एक फूल
गुलाब का।''[2]

लेकिन 'पटकथा' की यह परिपक्व संवेदना जो 1967 के आम चुनाव के बाद की मन:स्थिति में अभिव्यक्त हुई—उससे 1964 में नेहरू की मृत्यु पर उभरी यह संवेदना झूठी नहीं हो जाती कि—''असंख्य मुरझाए गुलाब/हवा में उड़ते हुए संकेतों से पूछते हैं—/कहाँ है वह प्यार और दर्द भरा अपनापन/जो हमें सीने पर टाँकता था।''[3]

'पटकथा' की अभिव्यक्ति में 'धूमिल' की भाव-बोध की परिपक्वता झलकती है। डॉ. नदंकिशोर नवल ने लिखा है कि (उपरोक्त दो कविताओं की तुलना के सन्दर्भ में) ''धूमिल की पहली कविता एक भावुकतापूर्ण रचना है, उनके यथार्थ-बोध के परिपक्व होने के पहले की, जिसका एक प्रमाण यह भी है कि वह कविता उन्होंने अपने कविता-संग्रह 'संसद से सड़क तक' में नहीं ली थी और उसे छोड़ दिया था। 'पटकथा' 'धूमिल' के यथार्थ-बोध की परिपक्वता का परिणाम है। स्वभावत: उसमें नेहरू के प्रति उनके भाव और विचार बदले हुए हैं।''[4]

मेरे विचार से 'बाँसुरी जल गई' की कविताएँ भले ही भावुकतापूर्ण रचनाएँ हो—'धूमिल' के यथार्थ-बोध के परिपक्व होने से पूर्व की हो—परन्तु उनके काव्य-विकास की प्रक्रिया को समझने के लिए आवश्यक है। यह जानने के लिए आवश्यक है कि 'धूमिल' रातों-रात क्रान्ति का लिबास ओढ़नेवाले बुद्धिजीवी नहीं थे, बल्कि अपने अनुभव की परिपक्वता से विकसित हुए थे। इसलिए उनके काव्य-विकास को एक सतत विकास प्रक्रिया के रूप में समझा जा सकता है। डॉ. ब्रह्मदेव मिश्र ने लिखा है कि ''यह ठीक है कि उसकी कविता में समझ का जो आयाग है; उसका किंचित एक बिन्दु भी उसके आरम्भिक गीतों में नहीं मिलेगा, लेकिन इससे उसकी अभिव्यक्ति के लिए बेचैनी पर अवश्य प्रकाश पड़ता है, जो समझ के किसी स्तर के स्पर्श के अभाव में सम्भव नहीं है, वह स्तर चाहे कोरा संवेदनात्मक हो या विचार-संवेदनात्मक। इससे इतना अवश्य प्रमाणित होता है कि 'धूमिल' की चेतनात्मक ऊर्जा बचपन से ही अपने समझ-कणों को अभिव्यक्त करने के लिए छटपटा रही थी। कहना न होगा कि समझ के तहत उपजी इस बेचैनी ने कालान्तर के साथ विकसित होकर 'धूमिल' को विरोध की भूमिका में ला खड़ा किया, जो उसके व्यक्तित्व एवं कृतित्व के पड़ताल का उत्स-बिन्दु है।''[5]

इस दृष्टि से सन् 1948-49 (जब 'धूमिल' ने सम्भवत: पहली कविता लिखी

थी) से सन् 1964 तक की कविताओं को 'धूमिल' की काव्य-यात्रा का प्रथम चरण माना जा सकता है।

(ख) परिपक्वता का दौर

इसके उपरान्त 'धूमिल' की काव्य-यात्रा उनके प्रथम सुप्रसिद्ध काव्य संग्रह 'संसद से सड़क तक' में एक नए रूप में प्रकट होती है। 1972 में राजकमल प्रकाशन से निकली यह कृति 'धूमिल' की सचेतन की अभिव्यक्ति है। सचेतन इसलिए कि इसमें वही कुछ है जो 'धूमिल' लेना चाहते थे। यानी इसमें जो कुछ छूट गया है उसे भी देखना चाहिए। 'पटकथा' के 'नेहरू जी' इसमें हैं—परन्तु 'जवाहरलाल नेहरू की मृत्यु पर' नहीं है। कवि क्या लेता है इससे महत्त्वपूर्ण यह होता है कि वह क्या छोड़ता है। 'जवाहरलाल नेहरू...' यदि 'संसद से सड़क तक' में नहीं है तो इसका अर्थ है कि 'धूमिल' उस भावुकता को अब ढोना नहीं चाहते। इस अर्थ में संसद से सड़क तक 'धूमिल' की काव्य-यात्रा का वह पड़ाव है जहाँ उनकी दृष्टि 'धूमिल' नहीं है—वे चीजों को साफ-साफ देखने की आदत विकसित कर चुके हैं।

इस काव्य-संग्रह में कुल पच्चीस कविताएँ हैं। संकलित कविताओं के शीर्षक इस प्रकार हैं—कविता, बीस साल बाद, जनतन्त्र के सूर्योदय में, अकाल दर्शन, वसन्त, एकान्त कथा, शान्ति पाठ, उस औरत की बगल में लेटकर, राजकमल चौधरी के लिए, मोचीराम, शहर में सूर्यास्त, प्रौढ़ शिक्षा, मकान, एक आदमी, शहर का व्याकरण, पतझड़, कवि 1970, नक्सलबाड़ी, कुत्ता, शहर शाम और एक बूढ़ा: मैं, सच्ची बात, हत्यारी सम्भावनाओं के नीचे, मुनासिब कार्रवाई, भाषा की रात तथा पटकथा। इन कविताओं में अधिकांश कविताएँ सामान्य आकार की हैं जब कि 'पटकथा' आकार की दृष्टि से सबसे लम्बी कविता है। भाषा की रात, राजकमल चौधरी, प्रौढ़ शिक्षा, कवि 1970 तथा मोचीराम को आकार की दृष्टि से पटकथा के बाद की श्रेणी में रखा जा सकता है।

इस संग्रह के 'आमुख' में कवि ने एक सही कविता के लिए उसे एक 'सार्थक वक्तव्य' होने की बात कही है। इस 'सार्थक वक्तव्य' एवं कविता की परिभाषा को लेकर 'धूमिल' की अवधारणा विवाद का केन्द्र रही है। इस विवाद की चर्चा करते हुए डॉ. नन्दकिशोर नवल ने लिखा है "...'धूमिल' की मुख्य चिन्ताओं में से एक कविता थी, जिसका उन्होंने न केवल बार-बार जिक्र किया है, बल्कि जिसे परिभाषित करने का भी प्रयास किया है। नए-पुराने आलोचकों से गलती यह हुई कि उन्होंने उनके द्वारा की गई कविता-सम्बन्धी प्रत्येक चर्चा को उनके द्वारा दी गई उसकी परिभाषा मान लिया है और उसमें अन्तर्विरोध देखा है। 'संसद से सड़क तक' की पहली ही कविता है 'कविता' जिसमें उन्होंने कहा है कि 'कविता/घेराव में/किसी

बौखलाए हुए आदमी का/संक्षिप्त एकालाप है।' यह कविता की परिभाषा नहीं, बल्कि उसकी गिरावट पर प्रकट किया गया कवि का क्षोभ है। आज कविता और उसके पहले वाला प्रभाव और प्रेषणीयता नहीं रही। वह कहता है : 'नहीं—अब वहाँ कोई अर्थ खोजना व्यर्थ है।'' 'पेशेवर भाषा के तस्कर-संकेतों/और 'बैलमुत्ती इबारतों' में/अर्थ खोजना व्यर्थ है।'' 'पेशेवर भाषा के तस्कर-संकेत' और 'बैलमुत्ती इबारत'—आज कलविता ऐसी ही हो गई है, जनसाधारण से कटी हुई और उसके लिए निरर्थक। स्वभावत: 'धूमिल' ने कविता पर 'मुनासिब कार्रवाई' शीर्षक से एक और कविता लिखी और उसमें कवियों का आह्वान किया कि वे अपने को समाज से जोड़े, अन्यथा वे समाप्त हो जाएँगे: 'अकेला कवि कठघरा होता है।/इससे पहले कि 'वह' तुम्हें/सिलसिले से काटकर अलग कर दे/कविता पर बहस शुरू करो/ और शहर को अपनी ओर झुका लो।' वह का मतलब है व्यवस्था पर हावी वह आदमी, 'जो आदमी के भेस में—/शातिर दरिंदा है,/जो हाथों और पैरों से पंगु हो चुका है/मगर नाखून में जिंदा है।' 'सिलसिला' यहाँ इतिहास या सामाजिक परिवर्तन का क्रम है और कविता पर बहस शुरू करना कविता को नए सिरे से परिभाषित करना। 'शहर को अपनी ओर झुकाने' का अर्थ समाज को अपने पक्ष में कर लेना है। 'धूमिल' ने आगे कहा भी है कि जब कवि अपने असली रूप में सामने आता है, तो 'अचानक, एक नदारद-सा आदमी/समूचे शहर की जुबान बन जाता है', यानी उसकी कविता प्रभावशाली और जनप्रिय हो जाती है। उनकी चेतावनी है :

''वक्त बहुत कम है
—क्योंकि असली अपराधी का
नाम लेने के लिए
कविता, सिर्फ उतनी ही देर तक सुरक्षित है
जितनी देर, कीमा होने से पहले,
कसाई के ठीहे और तनी हुई गड़ाँस के बीच
बोटी सुरक्षित है।''[6]

इस कविता में 'धूमिल' ने कविता की परिभाषा भी दी है। वह है : 'कविता—/शब्दों की अदालत में/मुजरिम कठघरे में खड़े होकर बेकसूर आदमी का/हलफनामा है' और 'कविता—भाषा में/आदमी होने की तमीज है।' इसके साथ उन्होंने 'नक्सलबाड़ी' शीर्षक कविता में भी कविता के प्रति यह सकारात्मक रुख दिखलाया है : 'मतलब की इबारत से होकर/सबके सब व्यवस्था के पक्ष में/चले गए हैं.../और विपक्ष में—/सिर्फ कविता है।' यहाँ उनकी 'कवि 1970' कविता की याद आना स्वाभाविक है, लेकिन इसमें उन्होंने कविता की परिभाषा नहीं दी, इसमें 1970 के भारत में कवि की जो स्थिति है, कविता-विरोधी जो वातावरण है, कविता भी जो मानव-

द्रोही हो गई है, उसका बयान है। लेकिन इस कविता के अन्त में भी 'धूमिल' ने कहा है कि जब मैं सब तरह से लाचार हो जाऊँगा, तो इसकी चिन्ता छोड़कर कविता लिखूँगा कि लोग मुझे असभ्य और अशिष्ट कहें: 'वादों की लालच में/आप जो कहोगे/वह सब करूँगा/लेकिन जब हारूँगा/अन्त में कहूँगा—/सिर्फ इतना कहूँगा/भाषा को हीकते हुए अपने भीतर/थूकते हुए सारी घृणा के साथ/अन्त में कहूँगा—/सिर्फ इतना कहूँगा—'हाँ, हाँ, मैं कवि हूँ, कवि-याने भाषा में/भदेस हूँ।' जाहिर है कि कविता के सम्बन्ध में धूमिल का यह सोचना-समझना सकारात्मक होते हुए भी कुल मिलाकर प्रगतिशील कवियों के फार्मूलाबद्ध काव्य-चिन्तन से अलग है। उन्हें शिकायत प्रगतिशील क्रमागत कविता से ही नहीं, अपनी पीढ़ी से भी थी, जिसमें उन्हें रचनाकार की स्वतंत्रता और वैयक्तिकता का अभाव दिखता था। विनोद भारद्वाज को एक पत्र में उन्होंने यह भी लिखा था कि..."ऐसी स्थिति में रचनाकार का दायित्व (मैं इस शब्द को उसकी स्वतंत्रता के सन्दर्भ में ही देखता हूँ) निश्चित रूप से वही नहीं रह जाता जो केवल शोर या गुस्सा पैदा करके चुक जाए। नई पीढ़ी के जोशीले रचनाकारों को एक ही जगह मार्च टाइम करते देखता हूँ और दु:ख होता है।' पुन: 'उसमें (साहित्य में) व्यक्ति की वैयक्तिकता का अभाव भी लगभग आमने-सामने दिखता है।' यह बात प्रगतिशील कवियों में केदार-नागार्जुन की अपेक्षा उन्हें मुक्तिबोध के निकट ले जाती है, जिनमें रचना में व्यक्तित्व के निषेध का नहीं, उसके विनियोग का आग्रह था।"[7]

इस प्रकार हम देखते हैं कि कविताओं को लेकर 'धूमिल' की अवधारणा को एक अलग वक्तव्य के रूप में देखने की बजाय पूरे काव्य सन्दर्भ से जोड़कर देखे जाने की जरूरत है।

जहाँ तक 'संसद से सड़क तक' की कविताओं का सवाल है इस संग्रह की मूल चिंता आजादी एवं जनतंत्र की दुरवस्था एवं असफलता से सम्बन्धित है। तत्कालीन जनतंत्र का चित्र खींचते हुए वे 'बीस साल बाद' में लिखते हैं—

"दोपहर हो चुकी है
हर तरफ ताले लटक रहे हैं
और सड़कों पर बिखरे जूतों की भाषा में
एक दुर्घटना लिखी गई है
हवा से फड़फड़ाते हुए हिन्दुस्तान के नक्शे पर
गाय ने गोबर कर दिया है।"[8]

इस जनतंत्र का चरित्र 'शान्तिपाठ' कविता में उजागर हुआ है जिसमें 'जनमत' पर आक्रोश झलकता है—

"मैं जानता हूँ कि इससे न तो कुर्सी बन सकती है
और न बैसाखी

मेरा गुस्सा...
जनमत की चढ़ी हुई नदी में
एक सड़ा हुआ काठ है।
लंदन और न्यूयार्क के घुंडीदार तसमों से
डमरू की तरह बजजा हुआ मेरा चरित्र
अंग्रेजी का 8 है।''[9]

'शहर में सूर्यास्त' कविता जनतंत्र के नाम पर चलने वाले खेल को खोलकर रखती है—

उन्होंने जनता और जरायमपेशा
औरतों के बीच की
सरल रेखा को काटकर
स्वस्तिक चिन्ह बना दिया है
और हवा में एक चमकदार गोल शब्द
फेंक दिया है—'जनतंत्र'
जिसकी रोज सैकड़ों बार हत्या होती है
और हर बार
वह भेड़ियों की जुबान पर जिंदा है।''[10]

'पतझर' कविता में कवि ने अपने दशक की समूची युवा पीढ़ी का उल्लेख किया है जो भारतीय जनतंत्र को जलते हुए देखती है।

'नक्सलबाड़ी' कविता में 'धूमिल' ने स्वातंत्र्योत्तर भारत की उस निराशाजनक परिस्थिति का चित्रण किया है जिसने नक्सलपन्थी आन्दोलन को जन्म दिया।

'भाषा की रात' अपेक्षाकृत लम्बी कविता है जिसमें 'धूमिल' ने सत्ताधारी पार्टी की उस राजनीति को बेपर्दा किया है जो भाषा समस्या की आड़ में जनता का ध्यान भूख एवं बेरोजगारी से हटा रही है—

''चन्द चालाक लोगों ने—
(जिनकी नरभक्षी जीभ ने
पसीने का स्वाद चख लिया है)
बहस के लिए/भूख की जगह
भाषा को रख दिया है।''[11]

भारतीय राजनीतिक व्यवस्था की आद्योपांत समीक्षा इस संग्रह की सबसे लम्बी कविता 'पटकथा' में दिखाई देती है। इस कविता की समीक्षा करते हुए डॉ. नन्दकिशोर नवल लिखते हैं कि—''पटकथा 'धूमिल' की सातवें दशक की काव्य-साधना की चरम परिणति है, यह उनकी सातवें दशक की कविताओं का शीर्ष-बिन्दु है। 'पटकथा'

आत्मपरक ढंग से शुरू होती है। आरम्भ में आजादी से पैदा होनेवाले उत्साह का वर्णन है। उसके बाद मोहभंग का। तत्पश्चात् कवि भारतीय जनतंत्र की असलियत दिखलाता है और अपनी बेचैनी का इजहार करता है। उसे एक लोक-चेतना की तलाश है, जो आजादी के आन्दोलन के दौर में सारे देश में दिखलाई पड़ी थी। तभी पाकिस्तानी आक्रमण होता है, जिसके विरोध में सारा देश खड़ा हो जाता है। लेकिन 'धूमिल' कहते हैं कि 'दरअसल, यह पुट्ठों तक चोट खाई हुई/गाय की घृणा थी।' फिर तत्कालीन प्रधानमंत्री लालबहादुर शास्त्री की समझौता-वार्ता के क्रम में मृत्यु एवं 1967 का आम चुनाव। कवि पुनः देश के 'जनतांत्रिक जंगल' में पहुँच जाता है और निराशा तथा आक्रोश से भर उठता है। यही एक फैंटेसी का वर्णन है, सम्भवतः मुक्तिबोध के प्रभाव से, जिसमें कवि की मुलाकात हिन्दुस्तान से होती है, जो उससे कहता है कि 'तुम चाहे जिसे चुनो/मगर इसे नहीं। इसे बदलो।' कविता में आत्मपरकता बनी रहती है, क्योंकि हिन्दुस्तान के उद्‌बोधन के बाद कवि आत्मनिरीक्षण भी करता है, और कहता है कि उसके भीतर की आग जो भभककर बाहर नहीं आती है, उसका कारण यह है कि 'उसके चारों तरफ चक्कर काटता हुआ/एक पूँजीवादी दिमाग है/जो परिवर्तन तो चाहता है/मगर आहिस्ता-आहिस्ता/कुछ इस तरह कि चीजों की शालीनता/बनी रहे।' तत्पश्चात् 1967 का चौथा चुनाव। लेकिन वह कवि की निराशा को घटाता नहीं, यहाँ तक बढ़ा देता है कि चुनाव-पद्धति पर से ही उसका विश्वास उठने लगता है। अतिशय व्यथा में वह भारत का एक विशाल अधमरे पशु के रूप में साक्षात्कार करता है और लोगों को लक्ष्य कर कहता है : 'बुरे और बुरे के बीच से/किसी हद तक 'कम से कम बुरे' को चुनते हुए/न उन्हें मलाल है, न भय है/ न लाज है।' वह हिन्दुस्तान को पुनः देखता है, पर बुरे हाल में, लोगों द्वारा पीट-पीटकर मूर्च्छित किया गया। लेकिन वह हिन्दुस्तान निराश नहीं होता और कवि से कहता है कि 'समय गवाह है/कि मेरी बेचैनी के आगे भी राह है।' वह उसे समझाता है कि वह उसकी चिन्ता न कर जनता की चिन्ता करें कि वे 'गलत हाथों के हथियार' न हो जाएँ। कवि उसे कुछ उत्तर देना ही चाहता है कि वह एक धक्के से दूर फेंक दिया जाता है और गलत लोगों के बीच पहुँच जाता है। यहाँ उसका स्वप्न टूटता है, तो उसे सूचना मिलती है कि कुछ परिवर्तन हुआ है। यह गैरकांग्रेसी सरकारों का दौर है, जिसमें 'कुर्सियाँ वही हैं/सिर्फ, टोपियाँ बदल गई हैं' और अवसरवाद की बाढ़ जोरों पर है, जिसका एक नमूना है दल-बदला भारतीय समाजवाद ही नहीं, भारतीय संसद से भी उसका मोहभंग पूरा हो जाता है, क्योंकि 'अपने यहाँ संसद—तेली की वह घानी है—जिसमें आधा तेल है—और आधा पानी है।' कविता इन शब्दों में समाप्त होती है—

> ''मेरे सामने वह चिरपरिचित अन्धकार है
> संशय की अनिश्चयग्रस्त ठंडी मुद्राएँ हैं

हर तरफ
शब्दवेधी सन्नाटा है।
दरिद्र की व्यथा की तरह
उचाट और कूँथता हुआ।
घृणा में डूबा हुआ सारा का सारा देश
पहले की ही तरह आज भी
मेरा कारागार है।''

इस कविता में न तो चालू मुहावरों का प्रयोग हुआ है, न चुस्त फिकरों का। 'धूमिल' के मुहावरे अपने हैं, नवीनता की चमक से भरे हुए। वे एक पूरी पीढ़ी का मुहावरा बन गए, यह बात और है। 'पटकथा' एक अत्यन्त वेग और तनावपूर्ण कविता है, जो एक साँस में लिखी गई प्रतीत होती है। उद्बोधन इसमें है, लेकिन यह कविता शुरू से लेकर अन्त तक स्वातंत्रयोत्तर भारत के राजनीतिक जीवन का अत्यंत सशक्त और प्रभावशाली चित्रांकन है। कभी-कभी इसमें स्पृहणीय सम्प्रेषणीयता है, जिसे सहसा सपाटबयानी नहीं कह सकते। इसकी उक्तियाँ जितनी विस्फोटक हैं, उतनी ही वेधक भी। 'पटकथा' अद्भुत देश-प्रेम की कविता है।''[12]

इस संग्रह की कविताएँ जनतंत्र एवं व्यवस्था के विरोध के साथ-साथ मध्यवर्गीय आम आदमी की स्थिति को उसके पूरे अन्तर्विरोध के साथ व्यंजित करती है। 'कुत्ते' को माध्यम बनाकर वे इस अन्तर्विरोध को उजागर करते हैं जिसमें—

''सचमुच मजबूरी है
मगर जिंदा रहने के लिए
पालतू होना जरूरी है।''[13]

''मत भूलो कि इस सबसे बड़ी चीज/वह बेशर्मी है/जो अन्त में/तुम्हें भी उसी रास्ते पर लाती है जहाँ भूख—/उस बहशी को/पालतू बनाती है।''[14]

'सच्ची बात' शीर्षक कविता में यह अन्तर्विरोध इस रूप में खुलता है कि ''हर ईमान का एक चोर दरवाजा होता है जो सँड़ास की बगल में खुलता है।''[15]

इस संग्रह की कुछ कविताएँ आत्माभिव्यक्ति मूलक हैं परन्तु उनकी मूल संवेदना आदमी को उसके पूरे अन्तर्विरोधों के साथ सामने लाना है। 'एकान्त-कथा' में उन्होंने कहा है कि अपनी शालीनता के बावजूद मैं भी औरों से भिन्न नहीं, यह एकान्त में पता चलता है ''जब/सड़कों में होता हूँ/बहसों में होता हूँ/रह-रह कर चहकता हूँ/लेकिन हर बार वापस घर लौटकर/कमरे के अपने एकान्त में जूते से निकाले गए पाँव-सा/महकता हूँ।''' उस औरत की बगल में लेटकर' कविता में उन्होंने 'रसोईघर की फूटी पतीलियों' यानी समकालीन जीवन-यथार्थ को महत्त्व दिया है और काम-क्रीड़ा को अपर्याप्त माना है : ''वक्त को गाड़कर/मिटा देने के लिए/सिर्फ उछलते

शरीर ही काफी नहीं हैं जबकि हमारा चेहरा/रसोईघर की फूटी पतीलियों के ठीक सामने है।'' उनकी 'मकान' शीर्षक कविता में मकान का मतलब है परिवार। यह परिवार मनुष्य की आजादी को खत्म कर देता है, उसे अनैतिक बना देता है और गलत धन्धे अपनाने पर मजबूर करता है : ''देखते ही देखते/एक समूचा और मुस्कराता हुआ आदमी/उसके भीतर नमक के ढेले-सा/धुल जाता है।'' 'एक आदमी' शीर्षक कविता भी आत्मकथात्मक ही है, जिसमें अंकित निम्नमध्यवर्ग का एक पस्त और टूटा हुआ आदमी और कोई नहीं, स्वयं धूमिल है : ''उम्र के सत्ताईस साल/उसके भागते हुए हैं/उसके पेशाब पर चींटियाँ रेंगती हैं/उसके प्रेम-पत्रों की आँच में/उसकी प्रेमिकाएँ रोटियाँ सेकती हैं...''[16]

इस संग्रह की कुछ कविताएँ 'धूमिल' को पुराने प्रगतिशील कवियों से अलगाती हैं। वे जनता को भी व्यवस्था के बराबर जिम्मेदार मानते हैं एवं अपना गुस्सा एवं विरोध उस पर भी उतारते हैं। इस सम्बन्ध में उनकी कविताओं का उल्लेख हम दूसरे अध्याय में कर चुके हैं। अतएव पुनरावृत्ति से बचने हेतु उनका उल्लेख नहीं किया जा रहा। फिर भी कहना न होगा कि 'धूमिल' का यह गुस्सा-यह विरोध आम-आदमी मात्र का विरोध नहीं है। यह आम आदमी की उन प्रवृत्तियों का विरोध है जिसने उन्हें नपुंसक बना रखा है।

संक्षेप में 'धूमिल' के इस काव्य संग्रह की कविताओं की मूल चिन्ता आजादी और जनतंत्र की दुरावस्था अथवा असफलता से सम्बन्धित है और उस पर उनमें कवि ने अपनी आक्रोशपूर्ण प्रतिक्रिया व्यक्त की है। इसलिए उचित ही उन्हें स्वातंत्रयोत्तर भारत की युवा मानसिकता का कवि कहा गया है।

(ग) नए मुहावरे की तलाश

'धूमिल' की मृत्यु के बाद उनकी कविताओं के दो संग्रह प्रकाशित हुए। 'कल सुनना मुझे' नामक काव्य संग्रह उनके छोटे भाई कन्हैया पांडेय ने 1977 ई., में युग-बोध प्रकाशन वाराणसी से करवाया। इसके प्रकाशन से 'धूमिल' की काव्य-यात्रा का एक नया पड़ाव परिलक्षित होता है। 'संसद से सड़क तक' की कविताएँ 1966-67 के दौर की 'धूमिल' की मानसिकता का परिचय देती हैं एवं 'कल सुनना मुझे' की कविताएँ 1970 के बाद आए बदलाव की। परन्तु यहाँ एक सावधानी की जरूरत है जिसकी चर्चा डॉ. नन्दकिशोर नवल ने की है। वे लिखते हैं ''उनकी मृत्यु के बाद उनकी कविताओं के दो संग्रह प्रकाशित हुए हैं—'कल सुनना मुझे' (1977) और 'सुदामा पांडे का प्रजातंत्र' (1984), लेकिन ये दोनों ही संग्रह इतने खराब ढंग से संपादित हैं कि उनसे कुछ भी पता नहीं चलता कि कौन कविता कब लिखी गई है, कौन कविता अधूरी है, कौन पूरी और किस कविता को कवि ने स्वयं संग्रह योग्य

नहीं समझा था और किसको वह अपने बाद के संग्रह में संग्रहीत करने वाला था। लिहाजा इस सम्बन्ध में ज्यादा पत्रिकाओं पर निर्भर करना पड़ता है, जिसमें 1970 के बाद की उनकी कविताएँ प्रकाशित हुई थीं।''[17]

इस सावधानी को ध्यान रखें एवं उनके भावनात्मक आवेगवाली पूर्वकालिक कविताओं को छोड़ दें तो 'कल सुनना मुझे' धूमिल' की भाव एवं भाषा में बदलाव की सूचना देती है।

'कल सुनना मुझे' काव्य-संग्रह में कुल सैंतीस कविताएँ संकलित हैं। इस संग्रह में प्रस्तावना डॉ. विद्यानिवास मिश्र द्वारा लिखित है। 'मरणोत्तर धूमिल : एक कथा-यात्रा' शीर्षक के अन्तर्गत राजशेखर ने 'धूमिल' की कविता के विविध पहलुओं को उजागर किया है। इसी संग्रह में 'भाषा की रात में : धूमिल की भूमिका' प्रस्तुत की गई है। धूमिल को व्यक्ति एवं कवि रूप में समझने में इन लेखों का विशेष महत्त्व है। इस संग्रह में कविताओं का क्रम इस प्रकार है—जवाहरलाल नेहरू की मृत्यु पर, आस्था, दस्तक, देश-प्रेम : मेरे लिए, किस्सा जनतंत्र, प्रजातंत्र के विरुद्ध, सुदूर पूर्व में, रोटी और संसद, लेनिन का सिर, शब्द जहाँ सक्रिय है, अन्तर, बारिश में भीगकर, दूसरे का घर, फूल, दिनचर्या, नगर-कथा, गृहस्थी : चार आयाम, सापेक्ष संवेदन, युवा सदी गाती है, उसके बारे में, खेवली, खून के बारे में कविता, मैं हूँ, मेरी कविता, आलोचक, कविता के द्वारा हस्तक्षेप, आज मैं लड़ रहा हूँ, पराजय-बोध, मृत्यु-चिन्ता, प्रवेश-पत्र, गाँव में कीर्तन, ओ बैरागी : पं. शान्तिप्रिय द्विवेदी, 'धूमिल' की अन्तिम कविता।

विषय-प्रतिपादन की दृष्टि से इस संकलन की कविताओं को क्रमशः कवि-निजता, अतीत अथवा इतिहास-बोध एवं यथार्थ स्थिति-बोध में विभाजित किया जा सकता है। जवाहरलाल नेहरू की मृत्यु पर, ओ बैरागी : पं. शान्तिप्रिय द्विवेदी, लेनिन का सिर, कविता श्रीकाकुलम् तथा आतिश के अनार-सी वह लड़की—ये सभी विशिष्ट व्यक्ति एवं सन्दर्भ से युक्त कविताएँ हैं। इन कविताओं के अन्त में कवि का सन्दर्भ व्यापक रूप धारण कर लेता है। देश-प्रेम : मेरे लिए, किस्सा-जनतंत्र, सुदूर पूर्व में, शब्द जहाँ सक्रिय है, दूसरे घर, नगर-कथा, गृहस्थी : चार आयाम, सापेक्ष संवेदन, उसके बारे में, खेवली, खून के बारे में कविता, मैं हूँ, मेरी कविता, आज मैं लड़ा रहा हूँ, मृत्यु-चिन्ता तथा गाँव में कीर्तन में वैयक्तिकता से समूहगत चेतना में स्थानान्तरित संवेदना प्रकट होती है।

काव्य-संकलन का शीर्षक प्रायः 'कल सुनना मुझे' भी कविता के नाम पर नहीं है। कल सुनना मुझे—वाक्यांश 'आज मैं लड़ रहा हूँ' कविता से लिया गया है—

''जब दूध के पौधे झर रहे हों सफेद फूल
नि:शब्द पीते हुए बच्चे की जुबान पर

और रोटी खाई जा रही हो चौके में
गोश्त के साथ। जब
खटकर (कमाकर) खाने की खुशी में
परिवार और भाईचारे में
बदल रही हो—कल सुनना मुझे
आज मैं लड़ रहा हूँ।''[18]

प्रस्तुत संकलन की अधिकांश कविताएँ निजता की सीमा की आवृत्ति से समूह की 'व्यापकता' में स्थानान्तरण हैं।

इस संग्रह की प्रथम कविता सम्भवत: 1964 के आसपास 'जवाहरलाल नेहरू की मृत्यु पर 'लिखी गई थी। कविता का स्वर विषाद का है परन्तु मूल भाव आस्था का है। दूसरी कविता नाम से तो 'आस्था' है परन्तु यह वास्तव में आस्था से अनास्था में बदलाव की सूचना देती है। 'उपलब्धियों की वार्ता' का संकेत पाकिस्तान के 1965 युद्धोपरान्त वार्ता की सूचना देता है एवं 'समूह का भय' कहकर कवि ने पाकिस्तानी युद्ध के पीछे की मानसिकता की सूचना दी है। 'दस्तक' कविता इस दृष्टि से महत्त्वपूर्ण है कि यह धूमिल को अनास्थावादी अकवितावादियों से अलग करती है साथ ही यह भी दिखाती है कि धूमिल के तमाम विरोध एवं संघर्ष की कविताओं के पीछे कहीं न कहीं 'प्रकाश की लचीली बाँह' छूने की आस्था है। अतएव उनका विरोध ध्वंसवादी मात्र नहीं बल्कि पुनर्निर्माण के लिए किया जानेवाला संघर्ष है। 'देश-प्रेम' वास्तव में 'देश-प्रेम' के नाम राजनीतिज्ञों द्वारा अपना 'सुरक्षा कवच' खोजने का पर्दाफाश है। कवि जब कहता है कि दिनभर के बाद/नाम राजनीतिज्ञों द्वारा अपना 'सुरक्षा कवच' खोजने का पर्दाफाश है। कवि जब कहता है कि दिनभर के बाद/भोजन कर लेने पर/देश प्रेम से मस्त एक गीत/गुनगुनाता हूँ। तो इसमें व्यंग का गहरा भाव छिपा है। 'किस्सा जनतंत्र' में 'धूमिल' ने अपने गँवई मुहावरों में भूख एवं गरीबी एवं उसके बीच मरती संवेदनाओं को रेखांकित किया है। 'प्रजातंत्र के विरुद्ध' में 'अलारक्खी'—'राशन कार्ड'—एवं 'हरितक्रान्ति' के बीच खो रहे जनतंत्र की तलाश है। 'कविता श्रीकाकुलम' 'धूमिल' के साम्यवाद से नक्सलवाद की ओर बढ़ते झुकाव का संकेतक है। इसमें वे नक्सलवादी हत्याओं का औचित्य 'मेकेनिज्म टूटने' के तर्क ढूँढ़ते हैं। 'आतिश के अनार सी वही लड़की' की संवेदना में एक 'गलत जिन्दगी' एवं 'सही मौत' में मौत को चुनने वाली एक क्रान्तिकारी बाला को लाल सलाम है। 'मुक्ति के तुरन्त बाद' में गेहूँ के दाने में लहू का कतरा महसूसने वाले कवि की चाह क्रान्ति को किसानों तक पहुँचाने की है। 'एक कविता—कुछ सूचनाएँ' में शब्द एवं अर्थ-दर्शन एवं जीवन-में अन्तर्विरोध को उजागर किया गया है एवं कवि ने विविध उदाहरणों के जरिए बुर्जुआ चेहरों पर से पड़ी नकाब उतारी है। 'सुदूर पूर्व में' कविता में 'रात बीतने का इन्तजार'

है। 'रोटी और संसद' 'धूमिल' के अपने मुहावरे में उस 'मिडिल मेन' की पहचान है जो देश के विकास के नाम पर चलाई जानेवाली योजनाओं का असली लाभार्थी है। एवं जिसकी साठ-गाँठ से राजनीतिज्ञों की रोजी-रोटी चल रही है।

'लेनिन का सिर'—प्रतीकात्मक कविता है एवं क्रान्ति के विचार को उद्घाटित करता है। 'शब्द जहाँ सक्रिय है' कविता में कवि ने नक्सलवादी दर्शन को स्पष्ट रूप में उजागर किया है। 'नदी के मुहाने पर हलचर'—रास्ता बदलते जंगल—एक तने का चाकू फेंकना सिखाता दूसरा तना-दर्दीला अग्नि गीत-अधेड़ दाढ़ी-छापामार सीटियाँ—ये सब संचालित होती हैं वहाँ से जहाँ भूख का सिलसिला है। 'अन्तर' कविता 'प्रतीक्षा' की मानसिकता की सूचना देती है। 'बारिस में भीगकर'—कविता के बहाने कवि कर्म की पहचान एवं 'सही कवियों और तुकड़ो' की पहचान की कविता है। इसमें कवि की प्रतिबद्धता स्पष्ट है। 'दूसरे का घर' कविता 'धूमिल' के कविता एवं कवि-व्यक्तित्व की 'आदमीयत की गंध' का परिचय कराती है। 'कल' कविता एक संश्लिष्ट मानसिक बुनावट का परिचय देती है। 'दिनचर्या' निजता से आवृत्त कविता है जिसमें सम्बन्धों की विविध स्थितियों की चर्चा है। 'नगर कथा' में कवि आदमी के बढ़ते नपुंसकत्व एवं संवेदना-हीनता की ओर संकेत करता है जब उसमें स्थितियों के प्रति प्रतिक्रिया का भाव नहीं रहता। 'गृहस्थी: चार आयाम' वास्तव में 'एक स्वस्थ क्षण' की प्रतीक्षा की कविता है जब 'धूप का एक टुकड़ा' गृहस्थी को चमका सके। 'सापेक्ष्य संवेदन' संवेदनाओं की तात्कालिक अनुभूति एवं प्रतिक्रिया की महत्ता उजागर करती है। 'युवा सदी गाती है' में प्रेम की अनुभूति की शाश्वतता उजागर होती है। 'उसके बारे में' कविता आत्मपरक कविता है एवं इसमें कवि व्यक्तित्व भी उजागर होता है। 'खेवली' कविता में कवि ने उस ग्रामीण मानसिकता को उजागर किया है जहाँ यथार्थ-बोध के प्रति एक वैरागी नि:संगता है—जहाँ भूख का अपना दर्शन है।

'खून के बारे में कविता' में कवि ने बचपन से लेकर बुढ़ापे तक के विविध चरणों का वर्णन करते हुए अन्त में इस जीवन की व्यर्थता का अहसास कराते हुए परिवर्तनकामी बनने की बात कही है। 'फौरी धावा' की शब्दावली नक्सलवादी झुकाव की ओर संकेत करती है। 'मैं हूँ' कविता में कविता एवं कवि-कर्म के सही स्वरूप की पहचान की गई है। 'आलोचक' कविता उन आलोचकों पर व्यंग्य है जो भावों की पहचान की बजाय शब्दों के 'सूँघने' में अपनी शक्ति जाया करते हैं। 'कविता द्वारा हस्तक्षेप' लगभग गद्यात्मक कविता है। जिसमें कविता के 'फंक्शन' के प्रति कवि दृष्टि उजागर होती है। 'आज मैं लड़ रहा हूँ' कविता वामपन्थ के पारम्परिक परिवर्तनवादी चेतना की आलोचनात्मक समीक्षा एवं नक्सलवाद के साथ जुड़ाव की कविता है। 'पराजय-बोध' आत्मावलोकन है। 'मृत्यु-चिन्ता' संश्लिष्ट संवेगों वाली कविता है। 'प्रवेश पत्र' में 'भूख' की मानसिकता उजागर हुई है। 'गाँव में कीर्तन'

में कवि द्वारा ग्रामीण व्यवस्था की तटस्थता/यथास्थितिवादी मनोवृत्ति पर चोट की गई है। साथ ही इसमें कवि का आशावाद भी परिलक्षित हुआ है। 'ओ बैरागी...' संस्मरणात्मक कविता है। 'धूमिल की अन्तिम कविता' नाम की कविता उनकी परिवर्तनकामी चेतना के अन्दर की जीवन शक्ति को उजागर करती है।

इस प्रकार 'धूमिल' का दूसरा काव्य-संग्रह भाव एवं भाषा की दृष्टि से 1970 के बाद 'धूमिल' द्वारा अपने ही बनाए ढाँचे से निकलने की एक कोशिश के तौर पर देखा जा सकता है।

'धूमिल' का तीसरा काव्य-संग्रह 'सुदामा पांडे का प्रजातंत्र' है। 'सुदामा पांडे का प्रजातंत्र' की कविताएँ भाव एवं भाषा की दृष्टि से 'धूमिल' में आए बदलाव की सूचना देती हैं।

इस संग्रह की पहली कविता 'सुदामा पांडे का प्रजातंत्र' समकालीन प्रजातांत्रिक व्यवस्था से मोहभंग के साथ-साथ जिन्दगी से टकराने के जज्बे का भी परिचय देती है। कविता में व्यंग्य का स्वर मुखर है। 'टयूशन पर जाने से पहले' कविता में सम्बन्धों की पड़ताल तो है ही—साथ-साथ इसमें 'धूमिल' का सौन्दर्य-बोध भी है। 'न्यू-गरीब हिन्दू होटल' में आम आदमी के संघर्ष की व्यथा-कथा है। 'कविता के भ्रम में' कविता के बहाने आदमी की पड़ताल है। 'बसन्त से बातचीत का एक लम्हा'—कविता द्वारा अपनी भाषा की मुहावरेदानी से निकलने की कोशिश है। 'रणनीति' में भाषा एवं भावों की एकात्मकता को खोजने का सन्दर्भ है। 'ताजा-खबर' में लोकतंत्र से मोहभंग एवं अतिवामपन्थी झुकाव की खबर है। 'कोडवर्ड' कविता-कोडवर्ड में नक्सलवाद का औचित्य बताती है। 'सूखे की छायाएँ और एक शिशिर संध्या' में अपने आसपास की स्थितियों से वैराग पर प्रतिक्रिया है। 'संसद समीक्षा' वास्तव में जीवन के यथार्थ की समीक्षा है। 'संयुक्त मोर्चा' में 'धुन्ना कविताओं', 'चुन्ना राजनीति' एवं 'मुन्ना विद्रोह' कों ठेंगा दिखाते हुए सच को सामने लाने का प्रयास है। 'कर्फ्यू में एक घंटे की छूट' में फासीवादी संकट की परछाई के बाद एक 'कुलबुल जिज्ञासा' की आस्था का स्वर है। 'घर में वापसी' व्यक्तिगत संघर्ष की कथा है। 'गृह-युद्ध' पति-पत्नी सम्बन्धों की पड़ताल है। 'रोटियों का शहर', 'मेमन सिंह' तथा 'मैंने घुटने से कहा' कविता में तत्कालीन सामयिक स्थितियों की व्यंजना है। 'अगली कविता के लिए' में कविता की भाषा की चिन्ता है। 'पर्वतारोहन' कविता की कवि की अपनी राजनीतिक समझ की चर्चा है। 'बीसवीं शताब्दी का सातवाँ दशक' उस दौर का सच बताती है। 'मैं सहज होना चाहता हूँ' में कवि चाहता है कि अपने अनुभवों को पूरी शिद्दत से परन्तु पूरी सफाई से व्यक्त कर सके। 'मेरा गाँव' कविता में ग्रामीण यथास्थितिवाद के प्रति प्रतिक्रिया है। 'शिविर नम्बर तीन' नक्सलवादी चेतना का दर्शन है। 'चानमारी से गुजरते हुए' कविता में तत्कालीन स्थितियों पर कवि की प्रतिक्रिया है। 'नौजवान'

कविता में परोक्ष रूप से गद्दीनशीन औरत–इन्दिरा गांधी–एवं नक्सलवादी चेतना के धमाके की चर्चा है। 'जनतंत्र: एक हत्या सन्दर्भ' में दम तोड़ते जनतंत्र के बीच नई सम्भावनाओं की तलाश एवं इसमें अन्तर्द्वंद्व से बाहर निकलने की पहल है। 'मुक्ति का रास्ता' आँसू की जगह बदले की आग का दर्शन है। 'गुफ्तगू' नक्सलवाद के पीछे–भूखे के केन्द्र—में होने की सच्चाई है। 'मतदाता' में कवि अन्तर्द्वंद्व से बाहर आकर निर्णय लेने की पहल करता है। 'चुनाव' में चुनाव के नाम पर होने वाली धोखाधड़ी की चर्चा है। 'सिलसिला' में—'गरम हवा' एवं 'धमाके का इन्तजार' है। 'स और त' का खेल में 'भाषा' के बहाने क्रान्ति का दर्शन है। निहत्थे आदमी से कहा, हत्यारे (एक), हत्यारे (दो); अब मैं अगली योजनाओं पर बात करूँगा, लोहसाँय, खून का हिसाब नींद के बाद कविता, भूख, बसन्त, तुमने कहा आदि कविताओं में किसी–न–किसी रूप में नक्सलवाद का दर्शन है। 'धूमिल' के अपने मुहावरे में यह 'लोकतंत्र के /इस अमानवीय संकट के समय/कविताओं के जरिए/वामपन्थ के चरित्र को/भ्रष्ट होने से बचा.../सकने की कोशिश है। धूमिल के इस नक्सलपन्थी चेतना–बोध का औचित्य एवं तर्क–बोध के सही या गलत होने की बहस अपनी जगह है, परन्तु एक बात स्पष्ट है कि यह उनकी जनपक्षधरता का ही संकेतक है। इस संग्रह की कई कविताएँ यथा–हरितक्रान्ति–हरितक्रान्ति (एक); हरितक्रान्ति (दो) में विकास के नाम पर चल रहे छलावे को उजागर करती है जिसने 'लोहे की छोटी सी दुकान में बैठे आदमी को सोना एवं खेत में खड़े आदमी को मिट्टी' में तब्दील कर दिया है। 'वापसी' के केन्द्र में भूख है। इस संग्रह की 'नौ मादा कविताएँ' सतही विश्लेषण से ऊपर उठकर सौन्दर्य बोध के नए मानदंडों की खोज करती है जिसमें 'देह' को वर्जित वस्तु नहीं आत्मा तक जाने की सुरंग के रूप में तलाशने का उपक्रम है।

इस प्रकार हम देखते हैं कि 'धूमिल' की काव्य–यात्रा उनके सतत् विकसनशील होने का परिचय देती है। उनके काव्य विकास को किसी एक चश्मे से देखने की बजाय एक विकास प्रक्रिया के रूप में देख जाने की आवश्यकता है। इसमें एक ओर भावात्मक संवेदना में लिखी गई प्रारम्भिक दौर की गीत कविताएँ हैं तो दूसरी ओर परिपक्व संवेदना वाली 'संसद से सड़क तक' की कविताएँ हैं। तदोपरान्त बदली हुई मानसिकता–तेवर एवं भाषा वाली 70 के बाद की कविताएँ हैं जिसमें कवि द्वारा अपने बनाए गए मुहावरे से निकलने की कोशिश है। 'धूमिल' की काव्य–यात्रा को उनकी काव्य संवेदना को इसी समग्रता में देखे जाने की जरूरत है।

सन्दर्भ

1. धूमिल और उसका काव्य संघर्ष—डॉ. ब्रह्मदेव मिश्र, पृ. 46
2. संसद से सड़क तक—धूमिल 'पटकथा', पृ. 102

3. कल सुनना मुझे—धूमिल, पृ. 8
4. समकालीन काव्य यात्रा—डॉ. नन्दकिशोर नवल, पृ. 247
5. धूमिल और उनका काव्य संघर्ष—डॉ. ब्रह्मदेव मिश्र, पृ. 14
6. संसद से सड़क तक—धूमिल ''मुनासिब कारवाई'', पृ. 86
7. समकालीन काव्य यात्रा—डॉ. नन्द किशोर नवल, पृ. 258-259
8. संसद से सड़क तक—धूमिल ''बीस साल बाद'', पृ. 9-10
9. संसद से सड़क तक—धूमिल—'शान्तिपाठ', पृ. 25-26
10. संसद से सड़क तक—धूमिल—'शहर के सूर्यास्त', पृ. 44
11. संसद से सड़क तक—धूमिल 'भाषा की रात', पृ. 44
11. संसद से सड़क तक—धूमिल 'भाषा की रात', पृ. 88
12. समकालीन काव्य यात्रा—डॉ. नन्दकिशोर नवल, पृ. 263-264
13. संसद से सड़क तक—धूमिल 'शहर का व्याकरण', पृ. 57
14. संसद से सड़क तक—धूमिल 'कुत्ता', पृ. 72
15. संसद से सड़क तक—धूमिल 'सच्ची बात', पृ. 77
16. संसद से सड़क तक—धूमिल 'एक आदमी', पृ. 54
17. समकालीन काव्य-यात्रा—डॉ. नन्द किशोर नवल, पृ. 275-276
18. कल सुनना मुझे, पृ. 69

धूमिल की कविता : विरोध एवं संघर्ष का स्वर

अब तक हमने 'धूमिल' की कविता के विविध आयामों की चर्चा की। हमने देखा कि 'धूमिल' की कविता उनके व्यक्तित्व एवं उनके युग-परिवेश का प्रतिफलन है साथ ही साथ अपने युग को एक नया मुहावरा देने की कोशिश भी है। इस अध्याय में हम अपना ध्यान उनकी कविता के मूल सन्दर्भ पर केन्द्रित करेंगे।

(क) प्रस्थान बिन्दु की तलाश

'धूमिल' का 'प्रस्थान बिन्दु' क्या है? उनकी कविता की 'केन्द्रीय संवेदना' क्या है? वह कौन सा तत्त्व है जो उनकी कविताओं में बार-बार केन्द्रीभूत होता है? 'धूमिल' के आलोचकों ने इस पर अपने-अपने ढंग से विचार किया है। 'धूमिल' पर जितनी भी किताबें मुझे अब तक देखने को मिलीं या जितनी पत्रिकाओं के अंक या लेख दिखे उनमें अलग-अलग विचार प्रगट किए गए हैं। अधिकांश आलोचकों ने उनकी प्रतिबद्धता, उनके राजनीतिक बोध, उनके समस्या बोध को रेखांकित किया है। 'धूमिल' पर ग्रन्थाकार रूप में लिखने वालों में पहला नाम डॉ. गणेश तुलसीराम अष्टेकर का है। उन्होंने 'कटघरे का कवि धूमिल' में 'धूमिल' की कविता का केन्द्रीय तत्त्व उनका यथार्थ-बोध बताया है। उनके शब्दों में— "अव्यवस्था के कटघरे में कभी अभियुक्त, कभी अभियोक्ता और कभी गवाह की हैसियत से खड़ा होकर अपने समकालीन समाज एवं राजनीति के कुरूप पक्ष को बेनकाब करने वाले हलफिया बयान देने का साहसी काम स्व. धूमिल ने किया है। इसलिए उसे कटघरे के कवि के रूप में प्रस्तुत करना आवश्यक है।"[1]

'धूमिल' की दूसरी किताब अ. हुकुमचन्द राजपाल की है। 'समकालीन बोध एवं धूमिल का काव्य' में उन्होंने 'धूमिल' के काव्य की केन्द्रीय संवेदना उनकी समस्यामूलकता बताते हुए लिखा है—"धूमिल सही अर्थों में समस्या के कवि हैं।"[2]

'धूमिल' की कविता के विविध पहलुओं को डॉ. ब्रह्मदेव मिश्र ने 'धूमिल और उनका काव्य संघर्ष' में रेखांकित किया है। उनके शब्दों में 'धूमिल' की मुख्य चिंता

''कविता को उस विरोधी भूमिका में सशक्त एवं सार्थक बताने की थी जो युगीन सन्दर्भ में आवश्यक कारवाई थी।''[3]

'धूमिल' की कविता पर विचार करते समय मैंने उपरोक्त मतों के आलोक में 'धूमिल' की कविता के प्रस्थान बिन्दु को एक नए दृष्टिकोण से देखने की कोशिश की एवं पाया कि 'धूमिल' की कविता की केन्द्रीय संवेदना—'विरोध एवं संघर्ष' की संवेदना है। मैंने अपने शोध-प्रबन्ध के इस अध्याय में इसी संवेदना के रेशों को उभारने की कोशिश की है।

'धूमिल' की कविता पर विचार करने से पूर्व हमने प्रथम एवं द्वितीय अध्याय में उनकी मानसिकता की संश्लिष्ट बुनावट की पहचान के क्रम में हमने पाया कि एक व्यक्ति के रूप में—एक संवेदनशील कवि के रूप में एक 'युग-भोक्ता' के रूप तक 'धूमिल' ने जिस चीज को सबसे शिद्दत से महसूस किया था वह थी 'जकड़न'। 'धूमिल' ने अपने व्यक्तिगत जीवनानुभवों एवं अपने आस-पास के परिवेश से लेकर तत्कालीन समाज व्यवस्था, राजनीति, अर्थनीति, सभी क्षेत्रों में एक जड़कन महसूस की। उनकी यह 'समझ' इस युग-बोध से भी जुड़ी थी जिसका हिस्सा 'धूमिल' थे। यह उस पीढ़ी का युग-बोध जिसके 'पास कोई मोह, सपना या आदर्श था ही कहाँ जो टूटता'। उन्होंने उसी ''भ्रष्ट व्यवस्था में आँखें खोली जहाँ अन्दर बहते गन्दे परनाले को छिपाने के लिए बटनहोल में गुलाब टाँके जाते रहे।''[4] डॉ. नामवर सिंह ने इस युवा पीढ़ी के बारे में लिखा है कि ''इतिहास में उसकी स्थिति पहले से सभी पीढ़ियों से भिन्न है। यदि औरों का एक पाँव आजादी के पहले के भारत में है तो युवा पीढ़ी ने एकदम आजादी के बाद के भारत में ही आँख खोली।''[5] इस प्रसंग में उन्होंने 'साठोत्तरी-युग-परिवर्तन' का जिक्र करते हुए लिखा है कि—''साठोत्तरी युग-परिवर्तन को लेकर उलझना भी कठमुल्लापन है। साठ की जगह बासठ, तिरसठ की जगह चौंसठ जो चाहे कर लीजिए, क्योंकि यह कोई पत्रा का मुहूर्त नहीं है; राजनीतिक स्तर पर इसे चीनी या पाकिस्तानी हमले को जोड़ने को लेकर भी ज्यादा बहस नहीं है और न बहस है नेहरू की मृत्यु-तिथि से इसका ताल-मेल बिठाने के सवाल को लेकर विभाजन का आधार कोई भी घटना मानी जाए, तथ्य यही है कि छठे दशक के साथ एक युगान्त की धारणा पुष्ट हो जाती है, जिसे सुविधा के लिए राजनीतिक भाषा में 'नेहरू युग' का अन्त कह सकते हैं।''[6] इस सन्दर्भ में डॉ. विश्वनाथ त्रिपाठी ने लिखा है कि ''नेहरू का निधन स्वातंत्र्योत्तर भारत में निराशा और मोहभंग की पहचान है। यह मोहभंग तारसप्तक में पाए जाने वाले मोहभंग जैसा केवल बौद्धिक नहीं। यह हमारे देश के एक दौर का मोहभंग है।''[7] 'धूमिल' की कविता में 'विरोध एवं संघर्ष' स्वर इसी मोहभंग से शुरू होता है।

(ख) राजनीतिक 'विरोध एवं संघर्ष' का दर्शन

'धूमिल' के विरोध एवं संघर्ष का मुख्य प्रतिपक्ष राजनीतिक व्यवस्था है। उनकी अधिकांश कविताओं का केन्द्रीय कथ्य या तो राजनीतिक व्यवस्था में आई गिरावट को व्यंजित करता है अथवा वैकल्पिक राजनीतिक व्यवस्था की पहचान एवं तरफदारी करता है। उनकी 'भूख' एवं 'दरिद्रता' विषयक कविताओं में भी कहीं-न-कहीं राजनीतिक संवेदना समाहित है। कुछेक आत्मापरक कविताओं को छोड़ दें तो 'धूमिल' की लगभग सभी कविताएँ किसी-न-किसी रूप में राजनीतिक तंत्र से टकराती हैं। ऐसे में स्वभावत: यह सवाल उठता है कि 'धूमिल' के 'विरोध एवं संघर्ष' का केन्द्र राजनीति ही क्यों है?

जवाब के लिए पहले हम धूमिल के पास ही जाते हैं। 'धूमिल' कहते हैं—"युवा लेखन के लिए राजनीतिक समझदारी जरूरी है। बिना इस राजनीतिक समझदारी के आज का लेखन सम्भव नहीं है।"[8] सवाल यह उठता है कि 'धूमिल' का राजनीतिक समझदारी से क्या तात्पर्य है? एवं किन अर्थों में वे इसे लेखन के लिए आवश्यक मानते हैं।

वास्तव में 'धूमिल' एक सचेत राजनीतिक चेतना-युक्त कवि थे। वे आम चुनावों की राजनीति एवं उसके व्यापक प्रभावों से परिचित थे। वे महसूस करते थे कि चुनावों की इस व्यवस्था में राजनीति इतनी महत्त्वपूर्ण हो गई है कि अर्थव्यवस्था एवं समाज व्यवस्था का स्वरूप निर्धारित करने में सक्षम है। अतएव उनका मानना था यदि परिवर्तन लाना है तो शुरुआत यहीं से करनी होगी। यदि व्यवस्था बदलनी है तो पहले राजनीति बदलनी होगी। इसीलिए वे शोषण तंत्र के मूल पर प्रहार करते हैं।

एक सवाल यह भी उठता है कि 'धूमिल' की 'राजनीतिक प्रतिबद्धता' का रूप क्या था? 'धूमिल' की कविताओं को उनके काव्य-विकास के क्रम में देखें तो हम पाते हैं कि उनकी 'प्रतिबद्धता' किसी एक विचारधारा मात्र से जुड़ी नहीं है क्योंकि उनके अपने मुहावरे में उन्होंने 'जिसकी पूँछ उठाई/उसको मादा पाया।' फिर भी उनकी कविताओं में राजनीतिक चेतना का जो रूप मिलता है उसके आधार पर हम कह सकते हैं कि उनकी कविता का उन्मेष राजनीतिक व्यवस्था के संसदीय स्वरूप से मोहभंग से प्रारम्भ होता है। उनका विरोध प्रारम्भ में जनतांत्रिक व्यवस्था में सुधार के प्रति आस्थावान दिखता है। किन्तु 1967 के बाद के परिदृश्य में राजनीतिक व्यवस्था से उनकी निराशा बढ़ती है एवं एक वैकल्पिक व्यवस्था के रूप में 1970 के बाद 'धूमिल' की राजनीतिक चेतना 'नक्सलवाद' का समर्थन करती दिखाई देती है। वामपन्थ के पारम्परिक स्वरूप की ओर उनका झुकाव 1967-70 के दौर में दिखाई देता है। 1970 के बाद उनका झुकाव अति वामपन्थी राजनीति की ओर होता दिखता है।

यदि कविताओं के जरिए से देखें तो वे एक सतत विकसनशील कवि नजर आते

हैं। वे अपने राजनीतिक दृष्टिकोण में सदैव से व्यवस्था विरोधी रहे हों ऐसी बात नहीं है। इसका साक्ष्य है जवाहरलाल नेहरू के प्रति उनकी कविता। इस कविता को प्राय: एक मृत व्यक्ति के प्रति 'शोक-संवेदना' के रूप में व्याख्यायित कर 'धूमिल' के मूल-भाव बोध से हटी कविता मान लिया जाता है। परन्तु दूसरे रूप में देखें तो यह मोहभंग से पहले के दौर के राजनीतिक दृष्टिकोण का परिचय देने वाली कविता है। कविता का प्रारम्भ इस प्रकार होता है।

> ''दिन
> जो सुबह शुरू हुआ
> दोपहर में
> खत्म हो गया
> मेरा सूरज खो गया।''[9]

> ''युग-युग से विकास-पथ
> जिससे आलोकित था
> आह। वही मोती की आभा
> मेरी मुट्ठी खोल अचानक निकल गई है।''[10]

डॉ. नन्दकिशोर नवल ने ठीक ही लक्षित किया है कि ''धूमिल की यह कविता पहले संग्रह में इसलिए नहीं आ सकी क्योंकि पहले संग्रह तक आते-आते 'धूमिल' की राजनीतिक आस्था एक नए दृष्टिकोण से परिचालित हो चुकी थी।''[11] फिर भी यह कविता धूमिल के काव्य-विकास की एक महत्त्वपूर्ण कड़ी है। यह उस दौर की कविता है जब नेहरू युगीन 'विकास का ढाँचा' आजादी के बाद के स्वप्न को साकार करने में लगा था। 'दिन का सुबह में शुरू होना' आजादी के बाद की स्थिति है। नेहरू की मौत उसकी दोपहरी है। अतएव धूमिल की कविता का विश्लेषण करते समय यह ध्यान देने की जरूरत है कि वे आजादी के बाद साम्यवाद या मार्क्सवाद के प्रभाव में नहीं आए थे। नेहरू की मृत्यु तक तो नहीं थी। यह बदलाव आता है नेहरू की मृत्यु के बाद। 'धूमिल' के युग-बोध की चर्चा करते हुए हमने साठोत्तरी कविता के 'कंटेट' में आए इस बदलाव की चर्चा विस्तृत रूप से 'धूमिल' के युग-परिवेश की विवेचना के सन्दर्भ में की जा चुकी है। अतएव इसकी पुनरावृत्ति से बचते हुए हम 'धूमिल' की कविताओं में इस बदलाव को देखने की कोशिश करेंगे। 'धूमिल' की कविता 'बीस साल बाद' इस दृष्टि से एक महत्त्वपूर्ण कविता है। 'बीस साल बाद' यानी सन् 1947 से 1967 का समय। वह समय जो बदलाव के इन्तजार में—परिवर्तन के इन्तजार में बीता है। सन् सड़सठ के आस-पास की इस कविता में कवि खुद से एक सवाल करता है—

"बीस साल बाद
मैं अपने आप से एक सवाल करता हूँ
जानवर बनने के लिए कितने सब्र की जरूरत होती है।"[12]

सन् 1967 इस लिहाज से भी महत्त्वपूर्ण है कि लाल बहादुर शास्त्री जी की आकस्मिक मृत्यु ने भारतीय राजनीति के एक नए रूप को उजागर किया। जवाहरलाल नेहरू एवं लाल बहादुर शास्त्री इन दोनों नेताओं के साथ आजादी की लड़ाई के आदर्श एवं स्वप्न जुड़े हुए थे। अतएव जनमानस में मोह-भंग की स्थिति नहीं आई थी। या कहें कि इन नेताओं के आभा मंडल ने बहुत सारी सच्चाइयों पर पर्दा कर रखा था। किन्तु शास्त्री जी की मृत्यु के बाद कांग्रेस की अन्दरूनी कलह एवं इन्दिरा गांधी के सत्तारूढ़ होने तथा 1967 के आम चुनावों के दौरान हुई जोड़-तोड़ की राजनीति ने भारतीय जनतंत्र के खोखलेपन को उजागर किया। यह आकस्मिक नहीं है कि 'धूमिल' ने लिखा—

"उस मुहावरे को समझ गया हूँ
जो आजादी एवं गांधी के नाम पर चल रहा है
जिससे न भूख मिट रही है, न मौसम बदल रहा है।"[13]

1967 के बाद राजनीति में ऐसे नेतागण उभरकर आए जो अपनी स्वार्थपरता के लिए आजादी की लड़ाई के दौरान अपने तथाकथित सहयोग का लाभ उठाना चाहते थे। 'धूमिल' ने ऐसे नेताओं को 'सुराजिए' की संज्ञा दी है—

"मगर चालाक 'सुराजिए'
आजादी के बाद के अँधेरे में
अपने पुरखों का रंगीन बलगम
और अपने गलत इरादों का मौसम जी रहे थे।"[14]

'सुराजिए' शब्द का उपयोग ध्यान देने योग्य है क्योंकि 'सुराजिए' वे नेतागण थे जिन्होंने कांग्रेस के राज्य का लाभ उठाया था। यहाँ जब हम कांग्रेस की बात करते हैं तो यह ध्यान रखना चाहिए कि 'धूमिल' का विरोध कांग्रेस या नेहरू या इन्दिरा गांधी से नहीं था बल्कि उस दौर की उस राज व्यवस्था से था जो अपना लोकहितकारी स्वरूप खोती जा रही थी। इसमें कांग्रेस का पक्ष तो था पर साथ ही वह विपक्ष भी था जो कांग्रेस का विरोध करके सदन या संविद सरकारों की कुर्सियों तक पहुँचा था। इसलिए 'धूमिल' साफ देखते हैं कि—

"और वह सड़क
समझौता बन गई है जिस पर खड़े होकर
कल तुमने संसद को
बाहर आने के लिए आवाज दी थी

नहीं, अब वहाँ कोई नहीं है
मतलब की इबारत से होकर
सबके सब व्यवस्था के पक्ष में
चले गए हैं।''[15]

''लाल हरी झंडियाँ
जो कल तक शिखरों पर फहरा रही थीं
वक्त की निचली सतहों में उतरकर
गायब हो गई है, और चारित्रहीनता
मंत्रियों की कुर्सी में तब्दील हो चुकी है।''[16]

यहाँ लाल झंडे का प्रयोग ध्यान देने योग्य है। लाल झंडे कम्युनिस्टों के प्रतीक थे जो वामपन्थी माने जाते थे। 'धूमिल' को वामपन्थी साबित करने की होड़ में कई बार यह भूल हो जाती है कि 'धूमिल' ने किसी पन्थ को कभी साध्य नहीं माना। परिवर्तन के साधन के तौर पर वामपन्थ की उपयोगिता को उन्होंने एक हद तक-वह भी एक दौर में स्वीकारा। परन्तु उन्होंने भारतीय वामपन्थ के भ्रष्ट होते चरित्र को भी देखा एवं पाया कि—

''जनवादी मुद्रा में
शाखों पर चढ़ी हुई नकचढ़ी हवा
शब्द-वृद्ध पत्तों पर
समकालीन के जनसंघी नुस्खे लिखती है
संविद की होड़ में
एक आत्मीय चेहरा गायब
हो गया है और कविता
इतने जिंदा शब्दों के बावजूद
हमलावरों के डर से
खाली किए गए शहर की तरह दिखती है।[17]

इस प्रकार 'धूमिल' ने तत्कालीन व्यवस्था की राजनीतिक अवसरवादिता की पहचान करते हुए न केवल कांग्रेसी तंत्र का विरोध किया बल्कि उस विपक्ष का भी विरोध किया जो विरोध को सत्ता प्राप्त करने के अवसर के रूप में उपयोग करता था। 'धूमिल' का यह रूप 1969-70 के दौरान प्रखर होकर उभरा। इस सम्बन्ध में उल्लेखनीय है कि 1969-70 में वे 'विपक्ष' नाम से एक पत्रिका निकालने की योजना बना रहे थे। उसके मुखपृष्ठ के लिए उन्होंने लिखा है कि ''आज का समूचा संकट सही विपक्ष के न होने का संकट है। देश की संसद ने हमें एक प्रतिपक्ष जरूर

दिया है, किन्तु वह अपने हित की लड़ाई लड़ने में मशगूल है। आम तौर पर वह निकम्मा साबित हो चुका है क्योंकि वह समझौते का एक ऐसा कामचलाऊ पक्ष है जो व्यवस्था की हर माँग को कमोबेश संशोधन के साथ स्वीकार कर लेता है। विभिन्न गुटों, वादों, भाषाओं और सम्प्रदायों में विभाजित देश का एक बड़ा हिस्सा भूख और भाषा के संकट से गुजर रहा है। आर्थिक दबाव के नीचे पिसकर उसकी शिनाख्त खत्म हो गई है। वह कहीं शरीक नहीं है। ऐसा नहीं कि आज का आदमी इस दुहरे संकट से जूझ नहीं रहा है। वह लड़ रहा है किन्तु अकेले की लड़ाई ने उसे असहाय बना दिया है। ऐसी स्थिति में वह या तो तटस्थ होकर रह गया है या फिर निर्मम। आदमी और आदमी के बीच सारे सम्बन्ध टूट रहे हैं। इस तरह न केवल आर्थिक असन्तुलन बढ़ा है बल्कि कहीं बहुत गहरे उसकी भाषा भी इस साजिश का शिकार हुई है। 'विपक्ष' इसी राजनीतिक धोखाधड़ी और भाषा के फरेब के खिलाफ भारतीय बुद्धिजीवियों की एक संयुक्त कार्रवाई है।''[18] अतएव 'धूमिल' का राजनीतिक विरोध पूरी शोषण व्यवस्था से है, चाहे वो पक्ष हो अथवा विपक्ष—

''...गलत होने की जड़
न घड़ीसाज की दुकान में है
न बढ़ई के बसूले में
और न आरी में है
बल्कि वह इस समझदारी में है
कि वित्त मंत्री की ऐनक का
कौन सा शीशा कितना मोटा है
और विपक्ष की बेंच पर बैठे हुए
नेता के भाइयों के नाम
सस्ते गल्ले की कितनी दुकानों का कोटा है।''[19]

ऐसी स्थिति में 'धूमिल' राजनीतिक बदलाव के नाम पर की जानेवाली धोखाधड़ी को उजागर करते हुए लिखते हैं कि—

''हाँ, यह सही है कि कुर्सियाँ वही हैं
सिर्फ टोपियाँ बदल गई हैं।''[20]

कहने का तात्पर्य यह है कि 'धूमिल' का राजनीतिक विरोध कोई दलगत विरोध मात्र नहीं था बल्कि उस तंत्र का विरोध था जिसने 'जनतंत्र' के नाम पर जनतंत्र की हत्या की है। 'धूमिल' इस 'जनतंत्र' के सत्तालोलुप नेताओं की कार गुजारियों को उजागर करते हुए लिखते हैं—

''उन्होंने जनता और जयरामपेशा
लोगों के बीच की/

सरल रेखा को काटकर
स्वस्तिक चिन्ह बना लिया है
और हवा में एक चमकदार गोल शब्द फेंक दिया है—'जनतंत्र'
और हर बार
वह भेड़ियों की जुबा पर जिन्दा है।''[21]

तत्कालीन राजनीतिक व्यवस्था में इस जनतंत्र का प्रतिनिधि संसद को माना जाता था। 'धूमिल' की कविताओं में इस प्रतिनिधि व्यवस्था—'संसद' का बार-बार उल्लेख अनायास नहीं है। संसद उनके लिए उस व्यवस्था को बेनकाब करने वाला शब्द है—जिसे वे आम आदमी के खिलाफ षडयंत्र का आधार मानते हैं। तत्कालीन संसद उन्हीं के शब्दों में—

''मुझे कहा गया कि संसद
देश की धड़कन को
प्रतिबिम्बित करने वाला दर्पण है
जनता को जनता के विचारों का
नैतिक समर्पण है
लेकिन क्या यह सच है?
या यह सच है कि
अपने यहाँ संसद...
तेली की वह घानी है
जिसमें आधा तेल है
और आधा पानी है।''[22]

'आधा तेल-आधा पानी' वाली इस संसद की व्यथा-कथा का व्यापक विश्लेषण 'पटकथा' कविता में मिलता है। वास्तव में पटकथा 'धूमिल' की सातवें दशक की काव्य-साधना एवं राजनीतिक भाव-बोध का निचोड़ है। एक साँस में लिखी गई यह कविता प्रारम्भ होती है आजादी के उत्साह से एवं खत्म होती है संशय की अनिश्चयग्रस्त मुद्रा में। कविता आद्योपांत स्वतंत्रयोत्तर भारत के राजनीतिक जीवन का बेपर्द चित्रण है। आजादी से पैदा हुआ उत्साह, नेहरू की मौत के बाद का संशय, चीनी आक्रमण से बेपर्दा हुई राजनीति एवं सारी दुर्व्यवस्था को बर्दास्त करती जनता। 'धूमिल' को जनता पर गुस्सा आता है। वे उस जनतंत्र के रेशे-रेशे को अलग करते हुए जनता को उसकी असलियत दिखाते हैं।

वे उस लोक-चेतना की तलाश करते हैं जिसने आजादी के जज्बे को जन्म दिया था। इसी बीच पाकिस्तानी आक्रमण होता है—युद्धोपरांत समझौता वार्ता के समय शास्त्री जी की आकस्मिक मृत्यु होती है एवं कांग्रेस में जोड़-तोड़ की राजनीति से

पुनः देश 'जनतांत्रिक जंगल' में पहुँच जाता है। तत्पश्चात् 1967 का चौथा चुनाव। इसने कवि का विश्वास चुनावी व्यवस्था से हटा दिया। अतिशय व्यथा में कवि भारत की परिकल्पना एक विशाल अधमरे पशु के रूप में करता है जिसे लोगों द्वारा पीट-पीटकर मूर्च्छित कर दिया गया है। लेकिन कवि का हिन्दुस्तान निराश नहीं है और कवि से कहता है कि—

> ''समय गवाह है।
> कि मेरी बेचैनी के आगे भी राह है।''[23]

कवि ने इस दरम्यान फैंटेसी की शैली अपनाई है एवं जब उसका स्वप्न टूटता है तो उसे गैर कांग्रेसी सरकारों का अवसरवाद नजर आता है। और कविता के अन्त में कवि के समक्ष—

> ''मेरे सामने वही चिरपरिचित अन्धकार है
> संशय की अनिश्चयग्रस्त ठंडी मुद्राएँ हैं।''[24]

पटकथा की इस 'निराशापूर्ण संशयग्रस्तता' को 'धूमिल' के 'विरोध एवं संघर्ष' वाले रवैए में रखकर पचाने में कठिनाई हो सकती है—कि क्यों कविता में क्रान्ति का उद्घोष अन्तिम स्वर नहीं है। ऐसा सम्भवतः इसलिए कि 'धूमिल' की सबसे निराशा हुई है। वे चालाक 'सुराजियों' को भी देख चुके हैं एवं उन समाजवादियों को भी—जिन पर 'आग' लिखा है, और वास्तव में जो 'बालू' से भुरभुरे हैं। वे संविद सरकार के टोपी-बदलू नेताओं को भी परख चुके हैं एवं कुर्सी के लोभ में पड़े वामपंथियों को भी। डॉ. नन्दकिशोर नवल ने इस सम्बन्ध में लिखा है कि ''जहाँ तक 'पटकथा' के निराशा में समाप्त होने की बात है, तो कहा जा चुका है कि 'धूमिल' वामपन्थी पार्टियों के लाल सवेरावाले आशावाद से काफी आगे निकल आए थे और राष्ट्रीय जीवन के जटिल यथार्थ को अधिक वस्तुपरक ढंग से देख रहे थे। जैसा कि नामवर जी ने एक स्थान पर कहा है, महत्त्व कविता में आशा और निराशा का नहीं, इस बात का होता है कि उसमें सामाजिक वस्तु कितनी है। आज यह स्पष्ट है कि धूमिल के सामने का अन्धकार, संशय, अनिश्चय और घृणा ही सही थी, इन्हें जो झुठला रहे थे, वे स्वयं आज झूठे पड़ गए हैं। दूसरे, यहाँ यह भी स्मरणीय है कि 'धूमिल' की निराशा भी बुत सरल नहीं है, क्योंकि उनका 'हिन्दुस्तान' निराश नहीं है।''[25]

'धूमिल' की 1966 से लेकर 1970 के बीच की कविताएँ [जिनका प्रकाशन उनके जीवन काल में ही 1972 में संसद से सड़क तक में हो गया] मूलतः आजादी एवं जनतंत्र की दुरवस्था एवं असफलता से सम्बन्धित हैं। इस दौर की कविताओं में तत्युगीन राजनीतिक व्यवस्था का विरोध और तत्कालीन 'सिस्टम' से संघर्ष का स्वर प्रबल है, जो कवि की आक्रोशपूर्ण प्रतिक्रिया से सम्बन्धित है। 1970 के बाद की 'धूमिल' की कविताओं का यह आक्रोश एक नया रंग लेता है। डॉ. नन्दकिशोर नवल

लिखते हैं कि "1970 के बाद 'धूमिल' की कविता में एक मोड़ आता है। जनतांत्रिक व्यवस्था से उनकी निराशा उन्हें नक्सलवाद के प्रवाह में बहा ले गई।"[26]

वास्तव में यह एक विकसनशील कवि की विकास यात्रा का नया पड़ाव था जिसमें कविता के माध्यम से उनका संघर्ष मुक्ति का एक नया रास्ता ढूँढ़ता है। यह रास्ता है 'श्री काकुलम' का जो 1970–71 में नक्सलपन्थी गतिविधियों का एक मुख्य केन्द्र था। धूमिल की इसी नाम की एक कविता में अपने बदले–बदले रूप का दर्शन कराते हैं—

> "मैं तुम्हें दिखलाता हूँ भाषा के जंगल में
> कविता का वह वर्जित प्रदेश
> जहाँ कायरता—
> एक खाली तमंचा फेंककर
> भाग गई है और साहस
> चन्द पके हुए बालों के साथ
> आगे बढ़ गया है—
> अँधेर में।"[27]

डॉ. नन्दकिशोर नवल इस कविता की व्याख्या करते हुए लिखते हैं कि "कविता—'श्रीकाकुलम' इस शीर्षक में दोनों शब्द सार्थक हैं, क्योंकि इस कविता में कविता भी है और श्रीकाकुलम भी, जो नक्सलपन्थी गतिविधियों का 1970–71 में एक मुख केन्द्र था। 'धूमिल' ने इस कविता में नक्सलपन्थी आन्दोलन में होनेवाली हिंसा पर आपत्ति की है, लेकिन फिर यह कहकर उसका समर्थन किया है कि जब कविता क्रान्ति को वर्जित प्रदेश समझकर कायरतापूर्वक उससे कतराकर निकल गई है, तो हिंसा के अलावा और कौन–सा मार्ग बचा है?"[28] इस कविता में 'खाली तमंचा' अर्थशून्य भाषा है और साहस नक्सलपन्थी कार्यकर्ता। 'चन्द पके हुए बाल' अनुभव के सूचक हैं। तात्पर्य यह है कि नक्सलपन्थी कार्यवाही कोई दुस्साहसिक कार्यवाही न होकर लम्बे और गहरे राजनीतिक अनुभवों का परिणाम है। 'धूमिल' गलत गुस्से और गलत हिंसा के खिलाफ थे। उनके अनुसार यह हिंसा सही थी और इसकी जरूरत इसलिए पड़ी थी कि भाषा बिना भ्रष्ट हुए जो काम कर सकती थी, उसमें चूक गई थी। 'चन्द पके हुए बाल' की तरह 'शब्द जहाँ सक्रिय हैं' कविता में 'अधेड़ दाढ़ी' है, जो चारू मजुमदार—जैसे नक्सलपन्थी नेताओं का सूचक भी हो सकता है—

> "और यह सब जिसके इशारे पर होता है
> उस अधेड़ दाढ़ी का चेहरा
> हू–ब–हू तीसरे भाई से मिलता है।"[29]

इस कविता में तीन भाई हैं। उनमें से दो अलग–अलग कविता को परिभाषित

करते हैं। तीसरा भाई वैसा कुछ नहीं करता, सहसा उठता है और जंगल के लिए निकल पड़ता है। 'धूमिल' के शब्दों में, "कविता/आखिरी आदमी की अँगुली पकड़कर/भूमिगत हो गई थी।" अन्त में वे कविता के बदले हुए काम के बारे में बतलाते हैं।

"...ठीक उसी वक्त कविता
शब्दों पर सान चढ़ाने का काम
शुरू करती है जब आदमी के
दर्दीले गले से कोई अग्नि-गीत
फूटता है।"[30]

'कविता के द्वारा हस्तक्षेप' शीर्षक कविता में 'धूमिल' न केवल कविता की बदली हुई भूमिका पर प्रकाश डालते हैं, बल्कि शब्द और शस्त्र दोनों के कार्य-क्षेत्र के अलगाव की भी बात करते हैं, बावजूद इसके कि वे दोनों के बीच एक नया समीकरण भी बनाते हैं—

"...कविता में शब्दों के जरिए एक कवि
अपने वर्ग के एक आदमी को समूह की साहसिकता से
भरता है जब कि शस्त्र अपने वर्ग-शत्रु को
समूह से विच्छिन्न करता है। यह ध्यान
रहे कि शब्द और शस्त्र के व्यवहार का व्याकरण
अलग-अलग है। शब्द अपने वर्ग-मित्रों में कारगर
होते हैं और शस्त्र अपने वर्ग-शत्रु पर।"[31]

'सुदामा पांडे का प्रजातंत्र' में एक कविता है 'मुक्ति का रास्ता', जिसमें वे साफ शब्दों में कहते हैं कि "शब्द शस्त्र बन गए हैं/और अगवा बंदूक की निशानदेही पर/कविता ने ढूँढ़ लिया है अपनी मुक्ति का रास्ता/दुश्मन की छाती के खून भरे छेद से।" इसी तरह इसी संग्रह की 'रात्रि-भाषा' शीर्षक कविता में वे जैसे वक्तव्य देते हैं—"लोकतंत्र के / इस अमानवीय संकट के समय/कविताओं के जरिए/मैं भारतीय/वामपन्थ के चरित्र को/भ्रष्ट होने से बचा सकूँगा, एकमात्र इसी विचार/से मैं रचना करता हूँ।" स्वभावतः इस दौर में आकर इनकी कविताएँ शस्त्रागार की शब्दावली से भर गई हैं।

'सुदामा पांडे का जनतंत्र' की एक महत्त्वपूर्ण कविता है—'कोडवर्ड'। इसे पूरा उद्धृत करना जरूरी है, क्योंकि इसमें नक्सलवादी राजनीति का 'दर्शन' मौजूद है—

"मैं तीन बार संसद कहूँगा
और चार बार संविधान :
हिंदुस्तानी लुकमे की आदती जुबान
दाँतों की दलबंदी तोड़कर बाहर

आ जाएगी।
फिर हम तितलियों के नगर की ओर चलेंगे
देशवासियों की पसली से अपनी यात्रा
बजाते हुए। ज्यादातर
हम अपनी यात्रा
रात में पूरी करेंगे
धूप और शोहरत से
बचने के लिए।
युवा चेहरा
भूमिगत हो चुका है
मामूली तौर पर क्रूरता भी आज
जिंदा रहने के लिए
एक जरूरत बन गई है।''[32]

इसमें कोडवर्ड है 'संसद' और 'संविधान', जो उपहास के लिए भी इस रूप में प्रयुक्त है। 'दाँतों की दलबन्दी तोड़कर बाहर आ जाने' का मतलब नक्सलपंथियों की यह मान्यता है कि संघर्ष आगे बढ़ने पर विभिन्न पार्टियों के लोग उनके साथ आ जाएँगे और 'तितलियों के नगर की ओर चलने' का मतलब है गाँव से शहर को, यानी उत्पादकों से उपभोक्ताओं को घेरना। 'यात्रा रात में पूरी करेंगे'—यह भूमिगत कार्रवाई है। युवक पहले ही भूमिगत हो चुके हैं। अन्तिम पंक्तियों में क्रूरता यानी हिंसा का औचित्य सिद्ध किया गया है। इस कविता के ठीक बाद वाली कविता में भी यही बात है—''हर रोज—/सूर्यास्त के साथ अनाज लदे किसी जहाज की गन्ध / हवा में तैरती है और सैकड़ों मुख/समुद्र की ओर घूम जाते हैं।'' क्यों? सूखे और अकाल में उसे लूटने के लिए। 'संयुक्त मोर्चा' इस दौर की 'धूमिल' की प्रसिद्ध कविता है। इसमें उन्होंने अपने को वर्ग-चेतन रूप में और जनता को बुर्जुआ संसदवाद में फँसे निराश और नकारवादी लोगों के रूप में चित्रित किया है और उसका आह्वान किया है कि दोनों मिलकर उस 'जन' का निर्माण करें, जो कि इतिहास की एक सचेत और सक्रिय शक्ति है—

''आज की भूख से भूख के अगले पड़ाव तक
लिख दें—
यह रास्ता जनतंत्र को जाता है
और इस तरह
धुन्ना कविताओं
चुन्ना राजनीति

और मुन्ना विद्रोह को
ठेंगा दिखाएँ।[33]

अपनी 'नौजवान' शीर्षक कविता में 'धूमिल' इंदिरा गांधी की तरफ संकेत करते हुए कहते हैं—"अपनी दुविधाओं में / लहूलुहान एक गद्दीनशीन औरत / टाँगों में / धमाका दबाए बैठी है / और सारा हिन्दुस्तान / जबड़े में भिंची हुई / कलेजी की तरह बमक रहा है।" 'गुफ्तगू' शीर्षक कविता में उनका कहना है—"और सोचो—हमारे बीच बैठे हुए—अन्धकार से / हम कितनी दूर भाग सकते हैं।" इस दौर की कविताओं में वे कविता का विषय, एकमात्र नहीं, तो निश्चय ही सबसे बड़ा, रोटी अथवा भूख को मानते हैं और उन्हें अफसोस है कि "कहीं कोई भाषा नहीं है / भूख के केन्द्र में।" रोटी उनके लिए सर्वाधिक महत्त्वपूर्ण है, क्योंकि जनता के बारे में 'मतदाता' शीर्षक कविता में वे अपना यह विचार व्यक्त करते हैं कि "अगली लड़ाई के लिए उसके दाँत और नाखून / एक रोटी पर सुरक्षित है।" 'चुनाव' को वे 'आखिरी भ्रम' कहते हैं और इस रूप में सम्बोधित करते हैं—

"...कल जब भाषा—
भूख का हाथ छुड़ाकर
चमत्कारों की ओर वापस चली जाएगी
मैं तुम्हें बातों से उठाकर
आँतों में फेंक दूँगा
वहाँ तुम—
किसी सही शब्द की बगल में
कविता सा समकालीन बनकर
खड़े रहना।"[34]

यहाँ कविता का समकालीन है—चाकू। 'सिलसिला' कविता में "हवा गरम है / और धमाका एक हल्की-सी रगड़ का / इन्तजार कर रहा है।" 'लोहसायँ' भी उनकी एक लोकप्रिय कविता है। इसमें—

"इधर-उधर देखकर
धीरे से कहता है टेकू बनिहार
—हँसुए पर ताव जरी ठीक तरे देना
कि धार मुड़े नहीं आजकल
छिनार निहाई ने
लोहे को मनमाफिक हनने के लिए
हथौड़े से दोस्ती की है।"[35]

इसी तरह 'खून का हिसाब' में : "कोसों—दूर जब आँसू अंगारे बनते जा रहे

हैं / शब्दों के कुहराम में सिर्फ बदला गूँजता है : / चेहरा-भर आईने के सामने— बालों में रोती हुई कंधी से एक कमसिन भुजाली / खून का हिसाब चुकता करने की कसम / खाती है।'' अन्त में 'प्रस्ताव' शीर्षक कविता में—

''ठीक—यहाँ—कविताओं में
राजनीतिक हत्याओं का प्रस्ताव
अमूमन, स्वीकृत है
और पहली बार
आत्महीनता के खिलाफ
हिंसा ने पहल की है।''[36]

निःसन्देह इस दौर की कविताओं में 'धूमिल' अपने विरोध एवं संघर्ष को एक चरम परिणति पर ले जाते हैं। उनकी कविताएँ आग और गोली की भाषा बोलने लगती हैं। उनका विरोध एवं संघर्ष अपने रास्ते में आनेवाली सारी रुकावटों को नेस्तानाबूद करने को तत्पर हो उठता है।

इस प्रकार हम देखते हैं कि 'धूमिल' की कविताएँ राजनीतिक व्यवस्था की जकड़न के विरोध एवं संघर्ष का इस्पाती दस्तावेज हैं। उनका यह विरोधी रूप अकवितावादियों से अलग है क्योंकि यह विरोध केवल विरोध के लिए नहीं है। यह संघर्ष नव-निर्माण का संघर्ष है।

(ग) अर्थतंत्र के विरोध का तर्क

'धूमिल' की कविता में विरोध एवं संघर्ष की चर्चा के आरम्भ में ही हमने स्पष्ट किया है कि 'धूमिल' की अधिकांश कविताएँ राजनीति से प्रेरित एवं सम्बन्धित हैं। 'धूमिल' की पहली चोट 'टोपियों' एवं 'कुर्सियों' पर ही है। परन्तु एक कवि के तौर पर उनकी सजगता यहीं पर समाप्त नहीं होती। उनका विरोध एवं संघर्ष तत्कालीन विकास प्रक्रिया के अर्थतंत्र से भी रूबरू होता है जिसमें चन्द लोग सत्ता एवं सामाजिक-आर्थिक तंत्र का सारा लाभ लूटने में लगे हैं। आम जनता को राजनीतिक आजादी का नारा देकर भी उनसे आर्थिक गुलामी कराई जा रही है—

''क्या आजादी सिर्फ तीन थके हुए रंगों का नाम है
जिसे एक पहिया ढोता है
या इसका कोई खास मतलब होता है।''[37]

'धूमिल' जानते हैं कि ऐसे लोगों की व्यथा में आजादी का कोई मतलब नहीं। इसलिए 'पटकथा' का अन्त वे इस प्रकार करते हैं—

''मेरे सामने वही चिरपरिचित अन्धकार है
संशय की अनिश्चितग्रस्त ठंडी मुद्राएँ

हर तरफ
शब्दभेदी सन्नाटा है
दरिद्र की व्यथा की तरह
उचाट और थूकता हुआ
घृणा में डूबा हुआ सारा का सारा देश
पहले की तरह आज भी
मेरा कारागार है।''[38]

'धूमिल' की कविताओं में भूख एवं दरिद्रता के इस कारागार की यातना की पूरी पड़ताल मौजूद है। उनके ही शब्दों में—

''आज मैं तुम्हें वह सत्य बतलाता हूँ
जिसके आगे हर सच्चाई
छोटी है। इस दुनिया में
भूखे आदमी का सबसे बड़ा तर्क/
रोटी है।''[39]

'धूमिल' अपने जीवनानुभवों से उस पीड़ा से वाकिफ है जिसमें—

''कुली रोटी तीन
पहले उसे थाली खाती है, फिर वह रोटी खाता है।''[40]

या कि—

''बच्चे भूखे हैं
माँ के चेहरे पत्थर
पिता जैसे काठ-अपनी ही आग में जले हैं ज्यों सारा घर।''[41]

या फिर

''लोग बिलबिला रहे हैं
पत्ते और छाल
खा रहे हैं।''[42]

'धूमिल' की कविताओं में भूख एवं दरिद्रता की प्रतिछवियाँ पाठक के मन में करुण रस का संचार नहीं करतीं बल्कि ऐसी आर्थिक व्यवस्था का विरोध करने को तत्पर करती हैं जिसमें जनता का एक बड़ा हिस्सा भूख एवं दरिद्रता का शिकार है एवं चन्द चुने हुए लोग उनके श्रम का लाभ लूटने में लगे हैं। 'धूमिल' केवल भूख एवं पीड़ा को उभारकर नहीं रह जाते बल्कि उस तंत्र की पहचान करते हैं एवं उसके विरोध में खड़े होने के लिए प्रेरित करते हैं। वे जनता को बताते हैं कि वह राजनीतिक आजादी के खोखले नारों और गांधीवाद के नाम पर चलाई जानेवाली लूट से सतर्क रहे—

"उस मुहावरे को समझ गया हूँ
जो आजादी के नाम पर चल रहा है
जिससे न भूख मिट रही है, न मौसम
बदल रहा है।"[43]

वे इस आर्थिक शोषण के लाभार्थी वर्ग को बेनकाब करते हुए लिखते हैं कि वह उस 'मीडिल मैन' को पहचाने—

"जो न रोटी बेलता है
न रोटी खाता है
वह सिर्फ रोटी से खेलता है।"[44]

वे जनता को आगाह करते हैं कि रोटियों से खेलने वाले कोई और नहीं संसद के पहरुए—राजनेता गण हैं जिन्होंने 'गरीबी' को राजनीति का मोहरा बना लिया है। वे जनता को भूख एवं दरिद्रता के मूल से परिचित कराते हुए लिखते हैं कि—

"आज की भूख से भूख के अगले पड़ाव तक
यह रास्ता जनतंत्र की ओर जाता है।"[45]

रोटियों से खेलनेवाले इन जनतंत्र के पहरुओं का विरोध 'धूमिल' की कविता में सर्वत्र देखा जा सकता है। साथ ही साथ उनकी कविता जनता का आर्थिक शोषण कर रहे व्यवसायी वर्ग पर भी चोट करती है। इस दृष्टि से 'मोचीराम' कविता महत्त्वपूर्ण कविता है। 'मोचीराम' धूमिल के 'वर्ग-चिन्तन' का सर्वश्रेष्ठ प्रतिबिम्ब है। इस कविता में ऐसे वर्गों का विरोध साफ तौर पर दिखता है। पहले तो उसका रूप-दर्शन माखौली स्वर में है—

"एक जूता और है जिसमें पैर को
'लाँघ कर' एक आदमी निकलता है
सैर को
न वह अकलमंद है
न वक्त का पाबन्द है
उसकी आँखों में लालच है
हाथों में घड़ी है
उसे कहीं जाना नहीं है
मगर चेहरे पर
बड़ी हड़-बड़ी है
वह कोई बनिया है
या बिसाती है
मगर रोब ऐसा कि हिटलर का नाती है

इशे बांद्धों, उशे काट्टो, हिंया ठोको, वहाँ पीट्टो।
घिश्शा दे,
अइशा चमकाओ, जूते को ऐना बनाओ
ओफ्फ। बड़ी गर्मी है, रूमाल से हवा
करता है, मौसम के नाम पर बिसूरता है
सड़क पर 'आतियों-जातियों' को
बानर की तरह घूरता है
गरज यह कि घंटे भर खटवाता है
मेहनतनामा देते वक्त
साफ 'नट' जाता है।
शरीफों को लूटते हो, वह गुर्राता है
और कुछ सिक्के फेंककर आगे बढ़ जाता है
अचानक चिंहुककर सड़क से उछलता है
और पटरी पर चढ़ जाता है।''[46]

'धूमिल' की कविता में ऐसे इस शोषक वर्ग का न केवल मजाक उड़ाया गया है बल्कि उसके विरोध का भी भाव दर्शाया गया है। 'धूमिल' का 'मोचीराम' ऐसे बनियों एवं विसातियों को खूब सबक सिखाता है—

''चोट जब पेशे पर पड़ती है
तो कहीं न कहीं एक चोर कील
दबी रह जाती है जो मौका पाकर उभरती है
और अंगुली में गड़ती है।''[47]

वहीं 'चोर कील' कुछ और नहीं 'धूमिल' के विरोध की अभिव्यक्ति है। इस प्रकार हम देखते हैं कि 'धूमिल' की कविताओं में तत्कालीन आर्थिक-व्यवस्था के कुचक्र पर भी प्रहार किया गया है। इस रूप में कहे तो उनकी कविताएँ 'वर्ग संघर्ष' की शब्दावली में 'बुर्जुआ विकास' के विरुद्ध 'सर्वहारा संघर्ष' की कविताएँ हैं। उनकी कविताओं में भूख-दरिद्रता एवं विकास के नाम पर चलाई जा रही लूट एवं इस लूट के साझीदारों का पूरा लेखा-जोखा है। उनकी कविताएँ आर्थिक शोषण को राजनीतिक शोषण के साथ जोड़कर देखती हैं, इसलिए उनकी कविताओं में आर्थिक शोषण राजनीतिक शोषण के साथ संश्लिष्ट रूप में सामने आता है।

(घ) यथास्थितिवादी समाज व्यवस्था का विरोध

'धूमिल' का विरोध एवं संघर्ष व्याख्यायित करते समय प्राय: आलोचकों ने राजनीतिक व्यवस्था एवं आर्थिक तंत्र के विरोध को मुख्य रूप से उजागर किया है। इस प्रक्रम

में उनके विरोध एवं संघर्ष के अन्य रूप कम उजागर हो पाए हैं। ये रूप 'धूमिल' के अन्तर्संघर्ष से जुड़े हुए हैं। 'धूमिल' बाहर की दुनिया में जनतंत्र एवं अर्थतंत्र से तो टकराते ही हैं, अपने अन्दर की दुनिया में अपने आप एवं अपने परिवेश से भी टकराते हैं। 'धूमिल' के विरोध एवं संघर्ष का यह आन्तरिक रूप इस सन्दर्भ में भी उल्लेखनीय है कि बाहर का विरोध करना आसान होता है—अपने अन्दर का विरोध करना अत्यंत कठिन है। 'धूमिल' जानते हैं कि राजनेता लूट-खसोट में लगे हैं एवं अर्थ तंत्र पर बनियों-बिसातियों का कब्जा है। परन्तु उन्हें लगता है कि इस शोषण के लिए खुद जनता भी कम जिम्मेदार नहीं है। अतएव उनकी कविताओं में आम जनता की यथास्थितिवादी मनोवृत्ति का भी विरोध दिखाई देता है। 'धूमिल' की कविताओं में जनता की यथास्थितिवादी मनोवृत्ति के प्रति व्यंग्य का भाव वास्तव में विरोध का ही स्वर है। वे जानते हैं कि इस यथास्थितिवादी स्थिति के कारण गाँवों की बदहाली बरकरार है—

"मेरे गाँव में
वही आलस्य, वही उब
वही कलह, वही तटस्थता
हर जगह हर रोज..."[48]

"कोई किसी से कुछ नहीं पूछता
हर आदमी चुपचाप
नींद और कीर्तन के बीच का जागरण
तय करता है, यह सोचते हुए कि आदमी
कुछ नहीं करता
जो कुछ करता है समय करता है।
मेरे गाँव में हर रोज ऐसा ही होता है।"[49]

वहाँ न जंगल है न जनतंत्र
भाषा और गूँगेपन के बीच कोई
दूरी नहीं है।
एक ठंडी और गाँठदार अँगुली माथा टटोलती है।
सोच में डूबे हुए चेहरों और
वहाँ दरकी हुई जमीन में कोई फर्क नहीं है।
वहाँ कोई सपना नहीं है। न भेड़िए का डर।"[50]

निश्चय ही यह कवि का गाँव 'खेवली' मात्र नहीं है। यह ग्राम-कथा है भारत-

वर्ष की। ऐसे स्वप्नहीन देश में जहाँ 'भूख पहले प्रदर्शन हो और बाद में दर्शन बन जाए' वहाँ परिवर्तन की लहर कैसी आएगी। ऐसी स्थिति के प्रति कवि का व्यंग्य इस यथास्थितिवाद का विरोध ही है। यह और बात है कि यहाँ वह तल्खी नहीं है। अपनेपन का बोध है। लेकिन कवि का स्वर 'नगर-कथा' में तल्ख होता है। क्योंकि वहाँ तो बुद्धिजीवी बसते हैं। पढ़े-लिखे लोग बसते हैं। वहाँ जब कवि देखता है कि—

"सब के सब—
रोशनी की आँच से
कुछ ऐसे बचते हैं
कि सूरज को पानी से—
रचते हैं।

बुद्ध की आँख से खून चू रहा था
नगर के मुख्य चौरस्ते पर
शोक प्रस्ताव पारित हुए,
हिजड़ों ने भाषण दिए
लिंग-बोध पर,
वेश्याओं ने कविताएँ पढ़ीं—
आत्म-शोध पर

प्रेम में असफल छात्राएँ
अध्यापिकाएँ बन गई हैं
और रिटायर्ड बूढ़े
सर्वोदयी
आदमी की सबसे अच्छी नस्ल
युद्धों में नष्ट हो गई,
देश का सबसे अच्छा स्वास्थ्य
विद्यालयों में
संक्रामक रोगों से ग्रस्त है
(मैंने राष्ट्र के कर्णधारों को
सड़कों पर
किश्तियों की खोज में—
भटकते हुए देखा है)
संघर्ष की मुद्रा में घायल पुरुषार्थ

भीतर ही भीतर
एक निःशब्द विस्फोट से त्रस्त है
पिकनिक से लौटी हुई लड़कियाँ
प्रेम-गीतों के गरारे करती हैं
सबसे अच्छे मस्तिष्क,
आराम कुर्सी पर
चित्त पड़े हैं।''[51]

'धूमिल' की कविता इस सुविधाभोगी मध्यवर्गीय मानसिकता के विरोध की कविता है। वे जानते हैं कि परिवर्तन या बदलाव तब तक नहीं आएगा जब तक यह सुविधाभोगी मनोवृत्ति समाप्त नहीं होगी। इसलिए वे ऐसे सुविधाभोगियों को लताड़ते हुए लिखते हैं कि—

''सभी दुखी हैं—
सबकी वीर्य-वाहिनी नलियाँ
सायकिलों से रगड़-रगड़कर
पिची हुई हैं
दौड़ रहे सब—
सम जड़त्व की विषम प्रतिक्रिया
सबकी आँख सजल
मुट्ठियाँ भिंची हुई है;

व्यक्तियों की पृष्ठ-भूमि में
तुमुल नगर-संघर्ष मचा है
आदिम-पर्यायों का परिचय
विवश आदमी
जहाँ बचा है।

बौने पद-चिन्हों से अंकित
उखड़े हुए मील के पत्थर
मोड़-मोड़ पर दीख रहे हैं,
राहों के उदास ब्रह्मा-मुख
'नेति-नेति' कह
चीख रहे हैं।''[52]

निश्चय ही 'धूमिल' के विरोध एवं संघर्ष का यह एक सबल पक्ष है कि वे

अपने विरोधियों को बाहर एवं अन्दर दोनों जगह पहचानते हैं। उनके लिए बाहर के नेता एवं राजनेता, अमीर एवं पूँजीपति यदि विरोधी हैं तो अपने गाँव की जनता एवं शहर के लोग भी दोषी हैं जो चूल्हे की तरह चुपचाप जलते हैं—कुछ नहीं बोलते। जो अपने राम झरोखे में बैठकर शाम का तुक लगाम से लगाते रहते हैं। ऐसी स्थिति में ऐसे लोगों पर कवि का व्यंग्य-बोध जो विरोध का ही एक रूप है—'मृत्यु चिन्ता' के स्पष्ट रूप से उजागर हुआ है—

"कोई जीया नहीं
पकी हुई फसलों की मृत्यु
सारे इतिहास रहे खेत,
अंगुली के पोरों के नीचे तड़पा किए
ऐंठती अन्तड़ियों से—
भरे हुए पेट :
एक भी हथेली नहीं ऐसी है—
क्रास भरे चेहरों ने
जिस पर उड़ेला नहीं
सागर की बूँद-बूँद देह
वज्रपात। हिमपात।
ब्रेक लगी गाड़ी के
भटके-सा वीर्य-पात
रोगिणी दिशाओं में अविरल प्रमेह,
गर्भपात। गर्भपात—
बच्चों की आँखों में
छाया अभिशाप की बूढ़ों के चेहरों पर
परछाईं पाप की।"[53]

इस प्रकार हम देखते हैं कि 'धूमिल' का विरोध एवं संघर्ष अपने अन्दर की कमजोरियों को भी पहचानता है एवं उनकी आलोचना करता है। वे सारा दोष शोषकों पर थोपकर सन्तुष्ट नहीं हो जाते बल्कि शोषितों की उस मानसिकता का भी विरोध करते हैं जो अपने क्षणिक लाभ के लिए अथवा अपनी अज्ञानता के वश इस शोषक तंत्र के विरोध के लिए उठकर खड़ा नहीं होता। 'धूमिल' की कविताओं में जनता का विरोध इसलिए है कि उन्हें लगता है कि राजनेता भी कहीं न कहीं उनके शोषण के लिए जिम्मेदार हैं। जनता की आलोचना वास्तव में कवि द्वारा खुद की आलोचना है क्योंकि वह भी उसी जनता का एक हिस्सा है। आत्मालोचन का ऐसा स्वर 'धूमिल' के 'विरोध एवं संघर्ष' को एक नया आयाम देता है।

इस प्रकार हम 'धूमिल' की कविता को भाव-बोध के आधार पर प्रतिपक्ष की कविता कह सकते हैं। प्रतिपक्ष का विरोध एवं संघर्ष उनकी कविता का केन्द्रीय तत्त्व है। यह विरोध एवं संघर्ष न तो स्थिर है—न ही यांत्रिक। यह मात्र वैचारिक दर्शन से उपजा विरोध भी नहीं है। और न ही आस्थाहीनता अथवा मोहभंग की प्रतिक्रिया मात्र। यह विरोध एवं संघर्ष एक संश्लिष्ट अनुभव से उपजी संवेदना है जो कवि को प्रतिपक्ष में खड़ा होने को विवश करती है। यह युगीन सन्दर्भों की जटिलता की समझ है जो 'धूमिल' को गीतों की दुनिया से 'राजनीतिक समझदारी' की दुनिया में लाती है। 'धूमिल' परिवर्तनकामी है। वे बदलाव चाहते हैं—ऐसी व्यवस्था जिसमें आदमी के आदमी होने पर सवालिया निशान लग रहा है—देश की जनता का एक बड़ा हिस्सा भूख-गरीबी एवं यथास्थितिवादी मनोवृत्ति के जाल में फँसा हो, उसे वे बदलना चाहते हैं। इसके लिए वे उन सबका विरोध करते हैं—सबसे संघर्ष करते हैं जो उनके बदलाव में बाधक है। चाहे वह देश की राजनीति का तत्कालीन स्वरूप हो, या देश की तत्कालीन समाज एवं अर्थव्यवस्था, चाहे वह गाँवों की 'उब' हो या शहरों की 'वीर्यहीनता' सबका वह विरोध करते हैं। परन्तु उस विरोध में विध्वंस के बाद नवनिर्माण का स्वप्न है। वह अनास्था नहीं आस्था के साथ किया गया विरोध एवं संघर्ष है।

सन्दर्भ

1. कटघरे का कवि धूमिल—डॉ. ग. तु. अष्टेकर, पृ. 14
2. समकालीन बोध और धूमिल का काव्य—डॉ. हुकुमचन्दाजपाल, पृ. 61
3. धूमिल और उसका काव्य संघर्ष—डॉ. ब्रह्मदेव मिश्र, पृ. 47
4. समकालीन काव्य यात्रा—डॉ. नन्दकिशोर नवल, पृ. 245
5. समकालीन काव्य यात्रा—डॉ. नन्दकिशोर नवल, पृ. 245
6. समकालीन काव्य यात्रा—डॉ. नदंकिशोर नवल, पृ. 245
7. कल सुनना मुझे—धूमिल
8. कल सुनना मुझे—धूमिल 'जवाहरलाल नेहरू की मृत्यु पर', पृ. 7
9. कल सुनना मुझे—धूमिल 'जवाहरलाल नेहरू की मृत्यु पर', पृ.7
10. कल सुनना मुझे—धूमिल 'जवाहरलाल नेहरू की मृत्यु पर', पृ. 7
11. समकालीन काव्य यात्रा—डॉ. नदंकिशोर नवल, पृ. 247
12. संसद से सड़क तक—धूमिल 'बीस साल बाद', पृ. 9
13. संसद से सड़क तक—धूमिल 'अकाल दर्शन', पृ. 16
14. संसद से सड़क तक—धूमिल 'प्रौढ़ शिक्षा', पृ. 46-47
15. संसद से सड़क तक—धूमिल 'नक्लवाड़ी', पृ. 67
16. संसद से सड़क तक—धूमिल 'शहर में सूर्यास्त', पृ. 43
17. संसद से सड़क तक—धूमिल 'पतझड़', पृ. 59

18. समकालीन काव्य यात्रा—डॉ. नन्दकिशोर नवल, पृ. 276
19. संसद से सड़क तक—धूमिल 'मुनासिब कार्रवाई', पृ. 84
20. संसद से सड़क तक—धूमिल 'पटकथा', पृ. 125
21. संसद से सड़क तक—धूमिल 'शहर में सूर्यास्त', पृ. 84
22. संसद से सड़क तक—धूमिल 'पटकथा', पृ. 127
23. संसद से सड़क तक—धूमिल 'पटकथा', पृ. 121
24. संसद से सड़क तक—धूमिल 'पटकथा', पृ. 128
25. समकालीन काव्य यात्रा—डॉ. नन्दकिशोर नवल, पृ. 264
26. समकालीन काव्य यात्रा—डॉ. नन्दकिशोर नवल, पृ. 274
27. कल सुनना मुझे—धूमिल 'श्री काकुलम', पृ. 20-21
28. समकालीन काव्य यात्रा—डॉ. नन्दकिशोर नवल, पृ. 276
29. कल सुनना मुझे—धूमिल 'शब्द जहाँ सक्रिय है, पृ. 39
45. सुदामी पांडे का प्रजातंत्र—धूमिल 'संयुक्त मोर्चा', पृ. 42
46. संसद से सड़क तक—धूमिल 'मोचीराम', पृ. 39
47. संसद से सड़क तक—धूमिल 'मोचीराम', पृ. 39-40
48. कल सुना मुझे—धूमिल 'गाँव में कीर्तन', पृ. 76
49. कल सुनना मुझे—धूमिल 'गाँव में कीर्तन', पृ. 75
50. कल सुनना मुझे—धूमिल 'खेवली', पृ. 58
51. कल सुनना मुझे—धूमिल 'एक कविता कुछ सूचनाएँ, पृ. 28-29-30
52. कल सुनना मुझे—धूमिल 'नगर कथा', पृ. 49
53. कल सुनना मुझे—धूमिल 'मृत्य-चिन्ता', पृ. 71

धूमिल की भाषा एवं रचना प्रक्रिया

अब तक के विश्लेषण में हमने 'धूमिल' को 'धूमिल' बनाने वाले युग-परिवेश, उनके युग-परिवेश में स्पंदित होते उनके व्यक्तित्व; उनके युग-परिवेश एवं व्यक्तित्व की संवेदनात्मक समझ से जुड़ी काव्य-यात्रा में विरोध एवं संघर्ष के विविध रंगों का अवलोकन किया है। इस अध्याय में हम विरोध एवं संघर्ष को वाणी देनेवाली उनकी भाषा एवं रचना प्रक्रिया की चर्चा करेंगे।

(क) भाषा का रियाज

'धूमिल' भाषा के प्रति सजग कवि थे जिसका साक्ष्य है बार-बार कविताओं में 'भाषा' का सन्दर्भ आना। भाषा के प्रति उनकी चिन्ता इस व्यक्तित्व में साफ रूप से झलकती है—"विभिन्न गुटों, वादों, भाषाओं और सम्प्रदायों में विभाजित देश का एक बड़ा हिस्सा भूख और भाषा के संकट से गुजर रहा है। आर्थिक दबाव के नीचे पिसकर उसकी शिनाख्त खत्म हो गई है। वह कहीं शरीक नहीं है। ऐसा नहीं कि आज का आदमी इस दुहरे संकट से जूझ नहीं रहा है। वह लड़ रहा है किन्तु अकेले की लड़ाई ने उसे दुर्बल/निर्बल बना दिया है। ऐसी स्थिति में वह या तो तटस्थ होकर रह गया या फिर निर्मम। आदमी और आदमी के बीच सारे सम्बन्ध टूट रहे हैं। इस तरह न केवल आर्थिक असन्तुलन बढ़ा है बल्कि कहीं बहुत गहरे उसकी भाषा भी इस साजिश का शिकार हुई है।[1] इस कथन में ध्यातव्य 'भाषा का भी संकट', 'भाषा का भी साजिश का शिकार होना' और 'भाषा का फरेब'—जैसे टुकड़े हैं। 'धूमिल' भाषा को एक अत्यन्त सशक्त माध्यम मानते थे। इसलिए उन्होंने कविता में भाषा को सर्वोपरि स्थान दिया था। क्योंकि उनके ही शब्दों में "कविता—/भाषा में/आदमी होने की तमीज है।" कहना न होगा कि कवि यहाँ भाषा एवं रचना-प्रक्रिया के प्रति अत्यन्त सजग दिखाई देता है। डॉ. नन्दकिशोर नवल ने धूमिल की भाषा की चर्चा करते इस सजगता को इन शब्दों में उजागर किया है—"अकारण नहीं है कि कविता लिखने में उन्हें बहुत समय लगता था और उसी अनुपात में वे उस पर श्रम करते थे। इस सम्बन्ध में काशीनाथ जी ने जो कुछ लिखा है, वह उनकी सृजन-प्रक्रिया को

जानने की दृष्टि से उपयोगी है : वह बहस करता, अपने को साफ करता; इस बीच मिलने वाले सुझावों और प्रतिक्रियाओं को अपने दिमाग में बिठाता जाता और यह सिलसिला तब तक जारी रखता जब तक कविता पूरी नहीं हो जाती। शब्दों के प्रयोग, सटीक मुहावरे, सही और अनिवार्य तुक, सार्थक वाक्य-विन्यास पर इतनी मेहनत करनेवाला दूसरा आदमी मैंने नहीं देखा। ...वह प्राइमरी या मिडिल स्कूल में पढ़नेवाले विद्यार्थी की तरह दिन या रात के किसी समय आता और बेचैनी में स्याही से रँगी दोनों हथेलियाँ आगे फैला देता—'यार काशी, उँगलियों में घट्टे पड़ गए और ससुरी कविता खिसकने का नाम ही नहीं ले रही है।' या 'यार देखो, पसीने-पसीने हो गया हूँ लेकिन कोई बात ही नहीं बन रही हैं।' ऐसे श्रम को वह 'रियाज' कहता। रियाज अखाड़े का शब्द है—पहलवानों की भाषा है; वह मूँछें ऐंठते हुए, लजाते हुए गरूर से बोलता, 'आज रात चार घंटे रियाज किया तो साली जरा-सी हिली है।' गोविन्द उपाध्याय ने भी 'आलोचना' में ही धूमिल के बारे में लिखा है कि 'रचनारत रहकर पूरी रात बिता देना उनका साधारण क्रियाकलाप-सा हो गया था। 'कविता-श्रीकाकुलम' के बारे में उसने मुझे बताया था कि इस पर महीनों से लगा था। आठ या दस पूरी रातें जागनी पड़ीं। और जिस समय यह पूरी हुई रात के दो बजे थे। मारे खुशी के मैं बाहर निकला, दो कप चाय पी और भोर होने तक इस कविता को पढ़ता हुआ दुर्गाकुंड की सड़क पर घूमता रहा।' कविता के साथ किया जानेवाला यह परिश्रम मुक्तिबोध और निराला की याद दिलाता है। मुक्तिबोध एक-एक कविता पर वर्षों परिश्रम करते थे, उसके कई-कई प्रारूप तैयार करते थे, उसे काटते-पीटते, संशोधित और संपादित करते थे। निराला जब 'तुलसीदास' के छंद रच रहे थे, मजदूर की तरह कार्यरत थे। डॉ. रामविलास शर्मा ने अपने ग्रन्थ 'निराला की साहित्य-साधना' के प्रथम खंड में इसका संकेत दिया है। तीन-चार घंटे की मेहनत के बाद 'तुलसीदास' का पहला बंद तैयार हुआ था। कवि की दशा कैसी थी? 'चेहरे पर थकान, मानो कठिन शारीरिक परिश्रम के बाद पस्त हो गए हों।' परिश्रम से रची जानेवाली कविता के सम्बन्ध में यह भ्रम न होना चाहिए कि वह पूर्णत: यत्नसाधिक होती है और उसमें कवि के 'इंटयुशन' का योग नहीं होता। बिना 'इंटयुशन' के कला-सृष्टि सम्भव नहीं है, लेकिन केवल उसी से कला-सृष्टि नहीं होती। उसके साथ अनेक स्तरों पर किए जानेवाले कठिन श्रम और साधना की आवश्यकता पड़ती है, जिससे भागनेवाले कवि की कविता का 'टेक्स्ट' भाव, विचार और अभिव्यक्ति की दृष्टि से बहुत समृद्ध नहीं हो पाता। परिश्रम से रची जानेवाली कविता के सम्बन्ध में एक खास बात यह है कि पाठकों से भी उसी परिश्रम की माँग करती है। यदि पाठक परिश्रम करने को तैयार नहीं होते, तो कविता उनके ऊपर से गुजर जाती है और उसकी समृद्धि और ऐश्वर्य उन पर प्रकट नहीं होता। 'धूमिल' के मुहावरे को

खोलने के लिए, उनके वाक्य-विन्यास को पकड़ने के लिए और उनके स्थापत्य को अपनी दृष्टि में लाने के लिए पाठकों को न केवल बौद्धिक रूप से बहुत सचेत रहना पड़ता है, बल्कि उन्हें अच्छा-खासा श्रम भी करना पड़ता है। उनका एक भी शब्द निरर्थक नहीं है और उनकी एक भी मुद्रा असावधानी में नहीं अपनाई गई, यह याद रखने की बात है।[2] अतएव आवश्यक है कि ऐसे सचेतन कवि की भाषा का विश्लेषण करते समय हम भी सचेत रहें।

(ख) सपाटबयानी के निहितार्थ

'धूमिल' की भाषा को विश्लेषण की दृष्टि से हम कुछ प्रश्नों के माध्यम से समझते हैं। सबसे पहले तो 'धूमिल' की भाषा का चरित्र क्या है? भाषा का चरित्र इस बात पर निर्भर करता है कि आप उससे कहना क्या चाहते हैं एवं किस स्वर में कहना चाहते हैं। 'धूमिल' ने भाषा की अपनी समझ को इन शब्दों में व्यक्त किया है—

"छायावाद के कवि शब्दों को तोलकर रखते थे,
प्रयोगवाद के कवि शब्दों को टटोलकर रखते थे,
नई कविता के कवि शब्दों को गोल कर रखते थे,
सन् साठ के बाद के कवि शब्दों को खोलकर रखते हैं"[3]

शब्दों को खोलकर रखने का मतलब है अपनी बात को स्पष्ट ढंग से कहना। इस सम्बन्ध में साठोत्तरी कविता में सपाटबयानी की चर्चा बार-बार की जाती है। 'धूमिल' के सन्दर्भ में डॉ. नन्दकिशोर नवल ने इसका उल्लेख करते हुए लिखा है कि "एक गलतफहमी धूमिल के सम्बन्ध में यह है कि वे पूरी तरह से सपाटबयानी के कवि थे। इस धारणा के प्रचार-प्रसार में उनके प्रशंसकों और आलोचकों के साथ उनका भी थोड़ा दोष है। सबसे पहले तो 'संसद से सड़क तक' की कविताओं के आरम्भ में ही हमें उनकी यह उक्ति मिलती है—"एक सही कविता—/पहले/एक सार्थक वक्तव्य होती है।" इस उक्ति का दुष्परिणाम यह हुआ कि उनकी कविताओं में जो वक्तव्यपरक अंश थे, बहुत सटीक, दो-टूक और आक्रामक, उन्हें लोगों ने अपनी जुबान पर बिठा लिया और उनके पेचीदा मुहावरे से जूझने की जहमत आगे आनेवाली पीढ़ियों के लिए छोड़ दी। स्वभावत: धूमिल की कविता की संरचना पर उनका ध्यान नहीं गया, पूरी कविता की बुनावट और आशय आँखों से ओझल रह गया और वे सूक्तियों के कवि बतलाए गए, जबकि उनके उक्त कथन का स्पष्ट अर्थ यह था कि कविता में वक्तव्य अलग से नहीं दिया जाता, अच्छी कविता अपनी सम्पूर्णता में एक वक्तव्य होती है। विनोद भारद्वाज को उन्होंने पत्र में भी लिखा था कि 'हमारे लिए कविता और कविता के बीच वक्तव्य की अलग से कोई खास

हैसियत नहीं है। कविता जहाँ जिन्दगी से कट रही होती है, अक्सर तथाकथित प्रसिद्ध लोग वक्तव्य चिपकाते हैं।' उसकी कविता की संरचना पर दृष्टि केन्द्रित करने और उनके मुहावरे के पेंच को खोलने पर पता चलता है कि उनकी अनेकानेक उक्तियाँ सूक्ति बन गई हों, लेकिन वे सूक्तियों के कवि नहीं थे, कविता के पूरे अर्थों में कवि थे।''[4]

अतएव धूमिल की भाषा को 'सार्थक वक्तव्य' वाले मुहावरे से अलग हटकर देखने की जरूरत है। वास्तव में उनकी भाषा संरचना की समझ 'बारिस में भींगकर' कविता में स्पष्ट होती है—

''उसके लिए कविता सिर्फ शब्दों की बिसात नहीं
वाणी की आँख है
बारिस में भींगकर आह्लादित कवि
नंगे सिर घूमता है कीचड़ भरे रस्तों पर
अनुभव के नए-नए पृष्ठों पर
भाषा के समर्थन में बूँदें गिरती हैं
जैसे सामूहिक हस्ताक्षर अभियान में
आसमानी दस्तखत।''[5]

डॉ. ब्रह्मदेव मिश्र ने इस कविता की व्याख्या करते हुए लिखा है कि ''बारिश में भींगकर—लिखी इन पंक्तियों से धूमिल की भाषा-प्रक्रिया स्पष्ट हो जाती है जो उनकी रचनात्मक दृष्टि का अभिन्न अंग है। कविता को 'वाणी की आँख' मानकर उसके 'शब्दों की बिसात' होने को खारिज करना, उनके रचनात्मक संघर्ष को उसकी समूची गहराई में दर्शाने के लिए यथेष्ठ है। रचनाकार के लिए संघर्ष के ऊपरी तेवर से अधिक उसका आंतरिक संगठन जरूरी है। और इसके लिए अपेक्षित है—कवि का मानसिक स्वास्थ्य। उसे 'बारिस में भींगकर' अर्थात् अनुभवों का नग्न साक्षात्कार करके भी आह्लादित रहना चाहिए तथा भींगने एवं फिसलने के जोखिम के लिए सदा प्रस्तुत।''[6] इसी सन्दर्भ में 'धूमिल' की डायरी के भी इन पन्नों के देखने की जरूरत है। 'पहल' के समकालीन कविता पर केन्द्रित अंक (1988-89) में धूमिल की डायरी के दो पृष्ठ छपे हैं। ये पृष्ठ धूमिल के सूक्ति एवं वक्तव्यों के कवि होने की गलत धारणा से निकालने में सहायक हैं। उनके शब्दों में, ''नहीं, भीड़ की भाषा तो कविता बनने से रही। उसे तो सीझना पड़ेगा ही और उस आँच में कवि या रचनाकार बुरी तरह सीझता है।''[7] स्पष्ट है कि वक्तव्य एवं नारेबाजी से भीड़ का तो काम चल सकता है, परन्तु कविता का नहीं। कविता भीड़ की भाषा को सीझने-पकाने-माँजने से बनेगी। ऐसे में विरोध एवं संघर्ष की भाव भूमि पर शब्दों के साथ किए जाने वाले रियाज से 'धूमिल' की कविता रूप ग्रहण करती है।

(ग) कवि का मुहावरा

'धूमिल' के भाषा में मुहावरेदानी–यानी मुहावरों के प्रयोग की चर्चा सभी आलोचकों ने की है। वास्तव में 'धूमिल' की भाषा के सन्दर्भ में ये मुहावरे उनकी मौलिकता के परिचायक हैं। साथ ही उनके मुहावरे सन्दर्भगत हैं। डॉ. नन्द किशोर नवल उनके मुहावरे का विश्लेषण करते हुए लिखते हैं कि "स्वभावत: युवा कविता को उनकी खास देन उनका मुहावरा है, जो उन्हें युवा कवियों में अत्यन्त मौलिक और विशिष्ट बनाता है।"[8] धूमिल के कुछ मुहावरों का अर्थ खोलते हुए वे लिखते हैं कि 'बच्चे हमें वसन्त बुनने में मदद देते हैं' का मतलब—अन्धा आदमी देख नहीं पाता, इसलिए उसके आगे नंगा होना एक क्रूर कर्म है; 'शहर का व्याकरण ठीक करने के लिए' का मतलब है—शहर की हालत सुधारने के लिए; 'ठीक यहीं से नंगेपन की ओर चले जाते हैं पेड़' का मतलब है—यहीं से पतझड़ (भारतीय आर्जी की) शुरू होता है; 'जहाँ पालों और बंजर का फर्क मिट चुका है, चन्द खेत हथकड़ी पहने खड़े हैं' का मतलब है सब कुछ एक समान है, जैसे पालो और बंजर खेत में कोई फर्क नहीं रहा, वैसे ही कैदी और खेत में भी नहीं; 'शहर अपने जनून को आहिस्ता–आहिस्ता शीशे और रोशनी में बदल रहा' का मतलब है—शहर में लालटेन, लैम्प, बल्ब वगैरह जलाने का समय हो गया है; 'अकेला कवि कठघरा होता है'—अकेला कवि असामाजिक होता है; 'बजट के अँधेरे में नींद का सविनय अवज्ञा आन्दोलन चल रहा है' का मतलब है—लोग बजट का विरोध नहीं कर रहे हैं; 'वे सबके सब तिजोरियों के दुभाषिए हैं' का मतलब है—वे सारे लोग पूँजीपति–वर्ग के दलाल हैं आदि। कभी–कभी उनका मुहावरा अपेक्षाकृत लम्बा होता है। इसके भी दो–चार उदाहरण द्रष्टव्य हैं 'जहाँ रात में/संविधान की धाराएँ/नाराज आदमी की परछाई को/देश के नक्शे में बदल देती हैं', यानी देश के नाम पर उसे शान्त कर देती हैं;' 'बस जरा–सी गफलत होती है और जंगल/आदमी की गिरफ्त से छूटकर/दीवारों की कवायद में शरीक/हो जाता है', यानी मकान की दीवारें जंगल है, आदमी को भटकाने और मार डालनेवाला; 'दृष्टियों की धार में बहती नैतिकता का/कितना भद्दा मजाक है/कि हमारे चेहरों पर/ आँख के ठीक नीचे नाक है', यानी आज सभी नैतिक व्यक्तियों के साथ अनैतिकता लगी हुई है, जैसे देखनेवाली आँख को ठीक नीचे बहनेवाली नाक;' वह काला धब्बा/जो कल तक एक शब्द था; / खून के अँधेरे में / दवा की शीशी का ट्रेडमार्क/ बन गई थी, यानी रोग का इलाज, दवा आदि।"[9]

लक्ष्य करने योग्य यह है कि 'धूमिल' के मुहावरे आक्रामक हैं, अनेक बार भदेस भी, लेकिन उनके माध्यम से व्यक्त होनेवाले आक्रोश उनके स्नायु–दौर्बल्य का सूचक नहीं। इसका कारण उनमें निहित बौद्धिकता है, जो उनकी अभिव्यक्ति, शिल्प और स्थापत्य पर गजब का नियंत्रण रखती है।

(घ) भाषा में भदेस

'धूमिल' की भाषा में अश्लील शब्दों के प्रयोग की भी चर्चा प्रायः की जाती है। 'धूमिल' की यह विशेषता उन्हें अकवितावादियों से मिली है या उनके अपने संस्कारों से इस बात पर विवाद है। डॉ. काशीनाथ सिंह ने 'आलोचना' के धूमिल केन्द्रित अंक वाले लेख में लिखा है कि "उनकी कविता में वर्जित शब्दों का प्रयोग अकविता, भूखी पीढ़ी एवं बीट पीढ़ी के प्रभाव के कारण है।"[10] परन्तु डॉ. नन्दकिशोर नवल उनसे सहमत नहीं हैं। वे लिखते हैं कि "जहाँ तक वर्जित शब्दों के प्रयोग का सवाल है, धूमिल में वह अकविता के कारण नहीं बल्कि उनके ग्राम्य संस्कार के कारण है।"[11] धूमिल ने स्वयं को भी 'भाषा में भदेस' कहा है। इस सम्बन्ध में धूमिल के व्यक्तित्व का साक्ष्य देते हुए उनके द्वारा बेधड़क गालियों के प्रयोग की चर्चा की जाती है। मेरे विचार से धूमिल के इस भदेसपन को एक कोण से देखे जाने की जरूरत है। यह सही है कि 'धूमिल' में गँवई संस्कार थे। यह भी सही है कि उनके मुहावरों में इस संस्कार की छाप भी स्पष्ट है। परन्तु इसका सीधा-सीधा सम्बन्ध कविता में प्रयोग से कैसे जोड़ा जाए? यदि लोक संस्कृति से जुड़े लेखक के साहित्य में ऐसे शब्दों का प्रयोग स्वाभाविक है तो वह प्रेमचन्द में क्यों नहीं है जबकि प्रसिद्ध है कि उनका तकिया-कलाम एक गाली थी। वास्तव में प्रेमचंद अपने साहित्य एवं अपने जीवन में अन्तर रखते हैं। और ऐसा प्रत्येक साहित्यकार करता है। 'धूमिल' जब गालियों का प्रयोग करते हैं अथवा अश्लील शब्दों को कविता में स्थान देते हैं तो यह उनका 'स्वाभाविक संस्कार' नहीं है, बल्कि उनका सचेतन उपयोग है। वास्तव में कविता की भाषा के प्रति 'धूमिल' अत्यन्त सचेत कवि है। उन्हें लगता है कि कविता में बरसों से प्रयुक्त किए जानेवाले शब्द अपना निश्चित अर्थ बना चुके हैं—अतएव उनसे कोई नया अर्थ निकालना सम्भव नहीं—

> "नहीं—अब वहाँ कोई अर्थ खोजना व्यर्थ है
> पेशेवर भाषा के तस्कर संकेतों
> और बैलमुती इबारतों में
> अर्थ खोजना व्यर्थ है।"[12]

यानी भाषा के संकेत/अर्थ उसी प्रकार तय हो गए हैं जैसे तस्करों के कोडवर्ड। जहाँ हरेक संकेत अपना एक नपा-तुला अर्थ रखता है। 'धूमिल' इन तयशुदा 'तस्कर संकेतों' की कैद से बाहर निकलने के लिए अपने भाव एवं अपनी भाषा दोनों का संधान करते हैं और लिखते हैं—

> "वादों की लालच में
> आप जो कहोगे

वह सब करूँगा
लेकिन जब हारूँगा
अपने खिलाफ खुद अपने को तोड़ूँगा
भाषा को हीकते हुए अपने भीतर
थूकते हुए सारी घृणा के साथ
अन्त में कहूँगा
सिर्फ इतना कहूँगा
हाँ हाँ मैं कवि हूँ
कवि यानी भाषा में
भदेस हूँ।''[13]

मेरी समझ से एक कवि के रूप में 'धूमिल' के 'भदेसपन' के स्रोत एवं 'भदेसपन' के उपयोग में अन्तर किए जाने की जरूरत है। कहना न होगा कि 'धूमिल' की काव्य-भाषा का एक स्रोत गाँव है। अतएव 'भदेस' शब्दों के चुनाव में उन्हें सहजता होती है। परन्तु 'भदेसपन' उनके संस्कारों में नहीं है बल्कि यह उनका चुनाव है। वे भाषा के बनाए गए ढाँचों (आपके खिलाफ) को तोड़ने की (अपने को तोड़ूँगा) कोशिश है। 'उनके यहाँ 'घृणा की थूक' भाषा को हीकते हुए पैदा हुई है। यह उनके स्नायु दौर्बल्य का नहीं सुविचारित चिन्तन का परिणाम है। उनकी अश्लील शब्दावली में 'लिजलिजापन' नहीं एक 'दृढ़ता' है। वे इन शब्दों का प्रयोग अपनी बात को एकदम सटीक ढंग-पूरी प्रभावोत्पादकता के साथ रखने के लिए करते हैं। 'धूमिल' के व्यक्तित्व विश्लेषण के क्रम में डॉ. काशीनाथ सिंह ने लक्षित किया है कि ''उसके स्वभाव या व्यवहार से बहुतों को-बल्कि सबों को-लगता था कि यह झगड़ालू, उज्जड़, मुँहफट, मारपीट पर उतारू और बगैर तौर तरीके का आदमी है। मैं जानता था कि वह ऐसा नहीं है, सिर्फ लगता है। मैंने उसे एकाध बार कहा कि अपनी यह इमेज बदलो। लेकिन उसका कहना था कि जैसे लोगों के बीच रहना पड़ रहा है वहाँ ऐसा दिखना जरूरी है वरना या तो वे लोग पालतू बना लेंगे या हजम कर जाएँगे।''[14] धूमिल की भाषा का भदेसपन भी शायद इसी 'पालतूपन' से बचने की कोशिश है—

''इससे पहले कि वह तुम्हें
सिलसिले से काटकर अलग कर दें
कविता पर बहस शुरू करो
और शहर को अपनी ओर झुका लो।''[15]

कवि जानता है कि यदि उसे पालतू होने से बचना है, सिलसिले कटना नहीं है तो उसे चिन्तन एवं शब्दावली के स्तर पर परम्परा से बाहर आना पड़ेगा। अतएव

'धूमिल' की भाषा में अश्लील शब्दों का प्रयोग कविता को आक्रामक बनाने के लिए किया गया है। उदाहरण स्वरूप यथार्थ को तीखेपन के साथ चित्रित करने के लिए उनकी कविताओं में 'औरत' की उपमाएँ। कई बार इस प्रकार की उपमाओं को 'धूमिल' के नारी सम्बन्धित दृष्टिकोण से जोड़कर उनमें ग्रामीण सामन्ती संस्कारों को देखा जाता है एवं कुछ आलोचक इसे अन्तर्विरोध के रूप में देखते हैं। परन्तु ऐसा इसलिए है कि ऐसे आलोचक उनकी कविता को समग्रता में नहीं देखते। 'धूमिल' की भाषा के 'भदेसपन' एवं नारी सम्बन्धी उनके दृष्टिकोण की विवेचना के लिए कुछ कविताओं की व्याख्या आवश्यक है। उदाहरणार्थ—

'कविता' शीर्षक में वे कहते हैं—
''वह किसी गँवार आदमी की ऊब से
पैदा हुई थी और
एक पढ़े-लिखे आदमी के साथ
शहर में चली गई
एक सम्पूर्ण स्त्री होने से पहले ही गर्भधान से गुजरते हुए
उसने जाना कि प्यार
घनी आबादी वाली बस्तियों में
मकान की तलाश है
उसने जाना कि हर लड़की
तीसरे गर्भपात के बाद
धर्मशाला हो जाती है और कविता
हर तीसरे पाठ के बाद।''[16]

अब इस कविता को हम सन्दर्भ से काटकर देखें तो यह अश्लील शब्दावली नारी के प्रति सामन्ती मानसिकता की देन लग सकती है। परन्तु सन्दर्भगत अर्थ में देखें तो कविता पूरी प्रभावोत्पादकता से चोट करती है। कवि का लक्ष्य कविता की गिरावट व्यक्त करना है। वह पूरा उदाहरण इसलिए लाता है कि कविता के लीक से कटने के परिणाम का अहसास पूरी शक्ति के साथ करा सके। इस कविता में 'गँवार आदमी'—लोक संस्कारों से युक्त कविता है, जबकि 'पढ़ा-लिखा आदमी'—अभिजात्य संस्कारों से युक्त कविता है। पढ़े-लिखे व्यक्ति द्वारा प्यार के नाम पर किए जा रहे बलात्कार से लड़की की दुर्दशा आधुनिक कविता की-लोकसंस्कारों से कटी कविता की दुर्दशा है।

उनकी एक दूसरी कविता 'जनतंत्र के सूर्योदय में' में औरत इस रूप में आती है—

''शहर की समूची पशुता के खिलाफ
गलियों में नंगी घूमती हुई

पागल औरत के गाभिन पेट की तरह...
छाया रहेगा पीला अन्धकार''[17]

यहाँ सन्दर्भ औरत का नंगापन एवं गाभिन पेट नहीं है। सन्दर्भ है शहर की पशुता जिसमें औरत का पागलपन भी उसे बलात्कार से नहीं बचा सकता। उसका नंगापन शहर की पशुता का अनावरण है।

'शान्तिपाठ' कविता में औरत इस रूप में आती है—
''जरायमपेशा औरतों की सावधानी एवं संकटकालीन क्रूरता
मेरी रक्षा कर रही है
गर्भगद-गद औरतों में आजवाइन का सत और मिस्री
बाँट रही है।''[18]

यहाँ लक्ष्य औरत नहीं तत्कालीन भारतीय विदेशनीति का दोगलापन है। उसमें सावधानी, क्रूरता एवं सहयोग की मुद्राओं पर ऐसा व्यंग्य भाषा के पारम्परिक रूप में तो सम्भव नहीं है।

'राजकमल की मृत्यु के प्रति कविता' में दरिद्र परिवार की बीस साला बिटिया आती है—

''आजादी—
इस दरिद्र परिवार की बीससाला बिटिया
मासिक धर्म में डूबे हुए कवारेपन की
चिलम भर रही है।''[19]

नि:सन्देह यह आजादी के बीस साल की दरिद्रता के सन्दर्भ से काटकर नहीं देखे जाने योग्य है। इस प्रकार हम कह सकते हैं 'धूमिल' की कविता में अश्लील शब्दों के प्रयोग को सावधानी से विश्लेषित किए जाने की जरूरत है। वास्तव में 'धूमिल' की शब्दावली को पूरी कविता के साथ देखे जाने की जरूरत है। अन्यथा जैसा कि 'धूमिल' ने लक्षित किया था (बकलम—डॉ. काशीनाथ सिंह) कविता जहाँ की तहाँ रहेगी एवं 'मासिक धर्म के लत्ते को' लेकर विवाद होता रहेगा।

(च) भाषा का स्रोत एवं गद्य की पक्षधरता

'धूमिल' की भाषा का स्रोत खोजते हुए डॉ. नन्दकिशोर नवल लिखते हैं—''धूमिल की काव्य-भाषा का एक स्रोत गाँव है, तो दूसरा शहर बनारस। गाँव के कारण वे दर्जनों मुकदमों में भी फँसे थे। स्वभावत: उनमें 'भदेस' शब्दों के साथ-साथ कचहरी के भी शब्द अच्छी संख्या में मिलते हैं। इसके अलावा वे जासूसी उपन्यास के भी पाठक थे। वहाँ से भी उन्होंने अनेक शब्द लिए थे। ये सब मिलकर उनकी काव्य-भाषा तैयार करते हैं, जिससे निर्मित होनेवाला वातावरण स्वातंत्र्योत्तर भारत

की भयावह परिस्थिति का ज्ञान कराता है।''[20] उनके वाक्य गद्यात्मक, लेकिन अत्यन्त चुस्त हैं, कभी-कभी बहुत लम्बे, जिसे वे पूरी सजगता से सँभालते हैं। उदाहरणार्थ 'मकान' शीर्षक कविता का यह अन्तिम वाक्य—

''मैंने अपने बेलगाम मित्रों को बतलाया है
कि किस तरह इस षड़यंत्र की शुरुआत
उसी वक्त हो जाती है जब आदमी
आजादी और वक्त से ऊबकर
अपनी देशी आदतों और सस्ती किताबों के साथ
16×12 फुट का एक खूबसूरत कमरा हो जाता है
और उस वक्त उसकी हत्या कर दी जाती है
जब फूल और गोस्थ में
फर्क करने के सारे सबूत मिटाकर
वह बिस्तर से खिड़की तक
फैलकर सो जाता है''[21]

'धूमिल' की भाषा में स्पष्ट बयानी की चर्चा हम आरम्भ में ही कर चुके हैं। इसी बात को आगे बढ़ाते हुए देखें तो हम पाते हैं कि 'धूमिल' में गद्य के प्रति पक्षधरता दिखाई देती है। अपनी डायरी में वे एक जगह लिखते हैं कि ''सातवें दशक में पहली बार खड़ी बोली की कविता लिखी गई। ऐसा लय की मुक्ति के कारण सम्भव हुआ। कविता एवं भाषा का फर्क खत्म हो गया। कविता भाषा कविता हो गई।''[22] पर यहाँ ध्यान देना आवश्यक है कि 'धूमिल' सतत रूप से कविता की भाषा को माँजते हैं। उनकी कविता में गद्य का जिस रूप में प्रयोग हुआ है उसमें वाक्यों में गद्यात्मकता होते हुए भी पूरी चुस्ती है। उनकी कविता में चिन्तन की लयात्मकता के साथ 'तुक योजना' का भी महत्त्वपूर्ण योगदान है। ऐसा 1970 के पहले की कविताओं में विशेषत: है। 1971 के बाद की कविताओं में तुकों से छूटने की कोशिश भी है। 1970 के बाद की कविताओं में वे तुकों के बन्धन से बहुत कुछ मुक्त हुए हैं। उनके मुहावरों का पेचीदापन कम हुआ है एवं मुहावरे सीधे हुए हैं। उत्तरार्द्ध की कविताओं (1970 के बाद की कविताओं) में 'धूमिल' की भाषा सम्बन्धी दृष्टि को उजागर करते हुए डॉ. नवल लिखते हैं—''1970 के बाद 'धूमिल' की कविता में एक मोड़ आता है। उस समय तक उन्हें लगने लगा कि उनकी शैली 'मैनरिज्म' बनकर उन्हीं के विकास के मार्ग में बाधा बन गई है और उनका विद्रोह भी अपर्याप्त है, उसका एक सुदृढ़ आधार होना चाहिए और उसकी स्पष्ट दिशा भी। अपने 'मैनरिज्म' से छूटने की उन्होंने भरपूर कोशिश की, जिसका स्पष्ट उल्लेख उनके मित्रों ने किया है। गोविन्द उपाध्याय लिखते हैं, ' 1971 के आसपास 'धूमिल'

कहते थे कि तुकबंदी की शैली अब पिट चुकी है। मैं अपने को बदलना चाहता हूँ। अपने को तोड़ना पड़ेगा, क्योंकि शब्द इतने बेईमान हैं कि 'पूँजी' के तुक पर 'जूजी' की तरह दिमाग में आ जाते हैं।'' फिर काशीनाथजी की जुबानी ('याद हो कि न याद हो') में, 'अगले दिन वह (धूमिल) घर आया। बेचैन। उसकी आँखें लाल थीं। बोला—मैं रात-भर जगा हूँ। नींद नहीं आई। मैं खुद महसूस करता हूँ, लोग जो कह रहे हैं। मेरी समझ में नहीं आ रहा कि क्या करूँ? अपने को कैसे तोड़ूँ, कैसा बदलूँ? मैं भाषा के उन्हीं मुहावरों में कैद हो गया हूँ, जिन्हें खुद मैंने तैयार किया है। बहुत हाथ-पाँव मार रहा हूँ, लेकिन वे कंक्रीट के किले की तरह मजबूत हो चुके हैं। यह एक रचनाकार का संघर्ष है, जिसमें 'धूमिल' मुब्तला थे। उन्हें इस संघर्ष में सफलता भी मिली, लेकिन आंशिक रूप में। वे तुकों के बन्धन से बहुत कुछ मुक्त हुए, और उनके मुहावरे का पेचीदापन बहुत कम हो गया, उसमें एक सीधापन आने लगा, 'धूमिल' ने पुनः एक बार कविता को परिभाषित करने की आवश्यकता महसूस की।''[23]

इस प्रकार 'धूमिल' की कविताओं की भाषा एवं रचना प्रक्रिया का विश्लेषण करने पर हम पाते हैं कि 'धूमिल' न केवल भाव-बोध बल्कि भाषा एवं रचना के स्तर पर भी विरोध एवं संघर्ष की नई जमीन तलाशते हैं। चूँकि 'धूमिल' अपनी भाषा को लेकर अतिरिक्त सजग हैं। अतएव वे भाषा को साजिश का शिकार होने से बचाने के लिए सदैव प्रयासरत रहते हैं। 'धूमिल' की कविता में व्यंग्य-तल्खी आक्रोश का स्वर-उनके विरोध एवं संघर्ष की कविता को धारदार बनाता है। अमूमन अश्लील माने जाने वाले शब्दों का वे सचेत रूप से प्रयोग करते जिससे अपनी बात पूरी प्रभावोत्पादक ढंग से कह सके। उनके मुहावरेदारी का भी यही प्रयास रहता है कि बात को सटीक ढंग वाले ढंग से कहा जाए।

सन्दर्भ

1. समकालीन काव्य यात्रा 'नन्दकिशोर नवल', पृ. 276
2. समकालीन काव्य यात्रा—नन्दकिशोर नवल, पृ. -268-269
3. कल सुनना मुझे 'भाषा की रात में : धूमिल की भूमिका' धूमिल, पृ. 1
4. समकालीन काव्य यात्रा—नन्दकिशोर नवल, पृ. 271
5. कल सुनना मुझे 'धूमिल' 'बारिश में भींग कर', पृ. 44
6. धूमिल और उसका काव्य—संघर्ष 'डॉ. ब्रह्मदेव मिश्र', पृ. 85
7. समकालीन काव्य यात्रा 'नन्दकिशोर नवल', पृ. 257
8. समकालीन काव्य यात्रा 'नन्दकिशोर नवल' पृ. 267
9. समकालीन काव्य यात्रा 'नन्दकिशोर नवल' पृ. 267-268
10. समकालीन काव्य यात्रा 'नन्दकिशोर नवल' पृ. 251

11. समकालीन काव्य यात्रा 'नन्दकिशोर नवल' पृ. 251
12. संसद से सड़क तक 'धूमिल' कविता—पृ. 80
13. संसद से सड़क तक 'धूमिल' कविता 1970—पृ. 4-65
14. याद हो कि न याद हो 'काशीनाथ सिंह' पृ. 107
15. संसद से सड़क तक 'धूमिल' मुनासिब कार्रवाई, पृ. 82
16. संसद से सड़क तक 'धूमिल' कविता—पृ. 7
17. संसद से सड़क तक 'धूमिल'' जनतंत्र के सूर्योदय',—पृ. 12
18. संसद से सड़क तक 'धूमिल' 'शान्ति-पाठ'—पृ. 24
19. संसद से सड़क तक 'धूमिल' राजकमल चौधरी के लिए , पृ. 31
20. समकालीन काव्य यात्रा 'नन्दकिशोर नवल'—पृ. 269
21. संसद से सड़क तक 'धूमिल' 'मकान' पृ. 52
22. समकालीन काव्य यात्रा 'नन्दकिशोर नवल', पृ. 270
23. समकालीन काव्य यात्रा 'नन्दकिशोर नवल', पृ. 274

कविताओं के आईने में धूमिल : छिटपुट

1. कविता

कविता के प्रकार्य को जितने प्रकार से परिभाषित करने का प्रयास धूमिल ने किया है–सचेतन रूप से शायद ही किसी और कवि ने किया हो।

'कविता' उनके 'संसद से सड़क तक' काव्य संग्रह की पहली कविता है जिसमें उनकी सुपरिचित पंक्तियाँ आती हैं—'कविता/घेराव में/किसी बौखलाए हुए आदमी का/संक्षिप्त एकालाप है।' प्रायः इन पंक्तियों को इस कविता के पूरे सन्दर्भ से काटकर एक वक्तव्य की तरह देखा जाता है। परन्तु कविता के पूरे सन्दर्भ में देखें तो यह कविता के बदलते स्वरूप के प्रति धूमिल के विचारों का प्रतिबिम्ब है। इसके लिए कविता को नीचे से ऊपर पढ़ने की जरूरत है। कविता आज 'एकालाप' हो गई है; परन्तु यह स्थिति सदा नहीं थी। एक समय था जब उसकी एक आवाज सारे शहर को जगा देती थी। सारा नगर चौंक पड़ता था। पर ऐसा क्यों हुआ कि कविता अपना करिश्मा खो बैठी। धूमिल को लगता है ऐसा इसलिए हुआ कि भाषा एवं भाव के स्तर पर कविता जड़ हो गई। इसके उपमान रूढ़ हो गए। भाषा पेशेवर हो गई। और एक तरह का पिछलग्गूपन हावी हो गया—जुलूस के पीछे चलने की प्रवृत्ति हावी हो गई। अपना चेहरा खोकर जब कवि एक टरै पर कविता लिखने लगे; जब कविता एक ऐसी भाषा में लिखी जाने लगे कि उसकी व्याख्या के लिए 'तस्कर-संकेतो' यानी अमूर्तः अस्पष्ट प्रतीकों का सहारा लेना पड़ें तो कविता अपनी प्रभावोदकता खोने लगती है। ऐसी कविता से किसी अर्थपूर्ण संवाद की अपेक्षा व्यर्थ है क्योंकि वह अपने समाज से कटकर 'एकालाप' की स्थिति में आ जाती है। धूमिल ऐसी कविता की रचना प्रक्रिया एवं उसके अर्थान्विति से भी परिचित हैं। कविता की रचना प्रक्रिया को वे प्रसव की प्रक्रिया की भाँति मानते हैं। जब तक आप विचार-भाव एवं भाषा के स्तर पर परिपक्व नहीं हैं—आपकी देह प्रसव पीड़ा से गुजरने लायक नहीं है, आप सही रचना नहीं दे सकते। ठीक उसी तरह जैसे कच्ची उम्र का गर्भाधान-गर्भपात में परिणत हो जाता है; बिना तैयारी के लिखी गई कविता पहले-

दूसरे पाठ तक कुछ चमत्कार भले ही दिखा ले; किन्तु शीघ्र ही अपनी चमक खोने लगती है। धूमिल कविता के इस तात्कालिक आवेग के पीछे की मानसिकता की पड़ताल करते हैं कि ऐसा क्यों हो रहा है। और तब उन्हें लगता है कि यह कविता को तत्काल स्वीकार्य बनाने एवं अपनी जगह को बनाने की होड़ से जुड़ा मसला है। यह घनी आबादी वाली बस्तियों में मकान की तलाश है। ऐसी स्थिति में धूमिल कविता की विडंबना पर सवाल खड़े करते हैं। उस अमूर्त एवं पेशेवर तस्कर संकेतों से डिकोड होने वाली कविता के ऊपर जो अपने परिवेश से कट गई है और नितांत वैयक्तिक हो गई है। 'गँवार आदमी की ऊब' से पैदा हुई कविता अपने परिवेश से जुड़ी थी; इसलिए तब उसकी एक निर्जन 'चीख' से सारा शहर चौंक पड़ता था। आज जब वह पढ़े-लिखे आदमी के साथ शहर चली गई वह उस 'बौखलाए हुए आदमी का एकालाप' हो गई जो खुद ही रचता है और खुद ही उसकी व्याख्या करता है। इस प्रकार धूमिल इस कविता के माध्यम से अपने समय की 'अमूर्त' एवं 'निज्ञता के द्वीप' में घिरी कविताओं की सीमाओं को रेखांकित करते हैं एवं कविता के प्रति अपनी समझ जाहिर करते हैं।

2. बीस साल बाद

धूमिल की कविताएँ आजादी के मायने तलाश करती कविताएँ हैं। ऐसी ही एक कविता है 'बीस साल बाद'। कविता की पंचलाइन है—'क्या आजादी सिर्फ तीन पके हुए रंगों का नाम है। जिन्हें एक पहिया ढ़ोता है।' कविता आत्मनिरीक्षण की भंगिमा में लिखी गई है। कुछ-कुछ मुक्तिबोध के 'अब तक क्या किया' की शैली में। यह कविता अन्दर से बाहर की ओर जाती है। कवि सवाल खुद से करता है परन्तु उसके जवाब बाहर से मिलते हैं। कविता में जवाब लेखक की ओर से नहीं आता। वह चुप चाप बिना किसी उत्तर के बढ़ जाता है। पर इसी चुप्पी में सारा मतलब छिपा है। चुप्पी इसलिए है कि सवाल पूछने पर गोलियों का सामना करना पड़ सकता है। खून में उड़नेवाली पतियों का पीछा करना लगभग बेमानी है। यह कविता सत्ता के तानाशाही चरित्र पर सीधा हमला है। कविता अपने प्रभाव से एक ऐसा दृश्य उपस्थित करती है जिसमें सत्ता तंत्र विकास के नाम पर खिलवाड़ कर रहा है। हरे रंग का ठोस सैलाब जंगल का अहसास तो दिला रहा है परन्तु उसमें जंगल के नाम पर एक भी पेड़ नहीं बचा। और यह छलावा इतने सुन्दर ढंग से तैयार किया गया है कि कोई सवाल नहीं उठाता। सावन के अन्धे को हरा ही हरा सूझता है। ऐसे में लेखक की आत्मावलोकन मुद्रा आती है। धूमिल का सवाल अपने आप से है—जानवर बनने के लिए कितने सब्र की जरुरत होती है।' और इसका जवाब मिलता है उस दृश्य से

जिसमें हर तरफ ताले लटक रहे और बंद के लिए जमा भीड़ को तितर-बीतर करने के लिए गोलियाँ चलाई जाती हैं और लोग अपनी अपनी जान बचाने के लिए भाग खड़े होते हैं, कोई स्थिति का सामना करने को तैयार नहीं है। सभी सुनसान गलियों से चोरों की तरह गुजरते हैं। धूमिल अपनी कविता के माध्यम से इस चोर मानसिकता एवं पलायनवादी सब्र पर प्रहार करते नजर नजर आते हैं। उनके लिए आजादी का मतलब तीन रंग का तिरंगा झंडा या राजनीतिक आजादी मात्र नहीं है। ऐसी आजादी का उनके लिए कोई मतलब नहीं है। ऐसी आजादी अपने थके कदमों से देश का भार नहीं ढो सकती। यह कविता एक अर्थ में सत्ता तंत्र को चुनौती देती हुई भी प्रतीत होती है। आप आम आदमी के सब्र का इम्तिहान मत लें। उसको किनारे पर मत ढकेलें। उसके सब्र का बाँध टूट जाए तो उसके अन्दर का जानवर जाग सकता है। दूसरी ओर कविता आम आदमी के नपुंसक सब्र पर भी सवाल खड़े करती है। धूमिल की कविताएँ इस अर्थ में दोहरा मार करती हैं।

3. जनतंत्र के सूर्योदय में

धूमिल की कविताओं में 'जनतंत्र' एक चिर-परिचित शब्द है। उसकी जितनी तहों तक धूमिल जाते हैं वह अपने आप में जनतंत्र से उनके जुड़ाव को दर्शाता है। उनकी एक कविता है 'जनतंत्र के सूर्योदय में।' यह कविता अपनी बिम्ब एवं शब्द योजना को लेकर आलोचकों का ध्यान खींचती है। कविता का केन्द्रीय कथ्य कविता के कहीं बीच में आता है—'जनतंत्र में सुबह सिर्फ चमकते रंगों की चालबाजी है।' इस चालबाजी का दिखावटी चेहरा आदमी को कभी संविधान की धाराओं के नाम पर तो कभी देश के ऊपर बाहरी आक्रमण के खतरे के नाम पर दिग्भ्रमित करता रहता है। धूमिल लोकतांत्रिक व्यवस्था के इस अंदरुनी चरित्र को भली-भाँति जान चुके थे। इस व्यवस्था के अन्दर की लालफीतेशाही धीमे-धीमे आदमी का खून चूसती है। रक्तपात कहीं नहीं होता पर आदमी टूट जाता है। झुके कंधे; सिसकती आँखें और फड़कती भुजाएँ सब कुछ बंद हो जाता है कार्यालय की फाइलों में। नाराज आदमी को संविधान एवं कानून का आइना दिखाया जाता है। और उससे भी बात न बने तो देश की सुरक्षा एवं युद्ध के खतरे का हौवा खड़ा किया जाता है। धूमिल की यह कविता कई बार मुक्तिबोध के 'अँधेरे में' का अहसास दिलाती है। कविता में 'पीला अन्धकार' चीनी आक्रमण के हौवे की याद दिलाता है। इस 'पीला अन्धकार' के नाम पर तमाम किस्म की पशुता क्षम्य हो जाती है। सत्ता तंत्र युद्ध का आतंक खड़ा करके अपने लिए रास्ता बनाता है। भारत-पाकिस्तान सम्बन्धों में यह बात दोनों तरफ के हुक्मरानों के लिए आज भी उतनी ही सार्थक है।

यह कविता धूमिल के व्यक्तित्व का एक और पहलू उजागर करती है। वे सत्ता तंत्र की चालबाजी को तो पहचानते ही हैं; इसके सहयोगी मीडिया की कारस्तानी से भी वाकिफ कराते हैं। 'अखबारों की धूप' जनतंत्र के चमकते रंगों की चालबाजी पर पर्दा डालती है और विकास के सरकारी दावों—वनस्पतियों के हरे मुहावरे का समर्थन करती है। यादों पर पर्दा डालने में उसका बड़ा योगदान है। आज जब हम 'मीडिया मैनेजमेंट' की बात करते हुए राजनीतिक दलों का चरित्र विश्लेषण करते हैं तो धूमिल की कविता प्रासंगिक हो उठती है।

पर इस सबके बीच एक और तथ्य है जो धूमिल की आँखों से कभी ओझल नहीं होता। यह है आम जनता की सुविधाभोगी या कि समझौतावादी मनोवृति पर चोट। धूमिल की कविता आम आदमी के गूँगेपन को बार-बार ललकारती है। वह 'नोट पर बँटने वाले वोट' और 'साड़ी पर राजी' जनता को धिक्कारती है। वह किसी मसीहा के इन्तजार-वापसी के लिए पहल करनेवाले आदमी की तलाश की मानसिकता को पहचानती है। वह उस सुविधाजीवी मानसिकता को ललकारती है जो सब कुछ चुपचाप सहकर अपनी दिनचर्या में लगा है। उसके लिए सुबह की सैर की दिनचर्या एवं चाय के साथ सुबह का अखबार ज्यादा जरूरी है। जनतंत्र का क्या वह तो नेताओं के सहारे चलता रहेगा। धूमिल की कविता जनता की इस सुविधाभोगी अंगीकार का भी प्रतिरोध करती है।

4. अकाल दर्शन

धूमिल के लिए कविता शब्दों का खेल मात्र नहीं; बदलाव का एक सशक्त हथियार है। यह जनता को जनतंत्र की हकीकत खोलकर दिखाने का आइना है। उनकी अकाल दर्शन कविता इस अर्थ में एक महत्त्वपूर्ण कविता है। कविता का केन्द्रीय कथ्य है—आम आदमी की तटस्थता पर चोट। इसकी प्रतिनिधि पंक्तियाँ हैं—अकाल को सोहर की तरह गा रहे हैं।

कविता की शुरुआत सवाल-जवाब की शैली में होती है। आत्मकथात्मक अन्दाज में। सवाल कई हैं। भूख का सवाल; जनसंख्या का सवाल; बेकारी का सवाल। जवाब कोई नहीं है। सिर्फ एक व्यंग्यपूर्ण हँसी है। वह चालाक आदमी जो जनहित की आड़ लेकर अपना सारा कारोबार चलाता है, जनता के किसी भी असुविधापूर्ण सवाल को हँसी में टाल देता है। जब भूख का सवाल खड़ा होता है; बेकारी का सवाल खड़ा होता है, उसका सारा दोषारोपण जनसंख्या वृद्धि पर थोपकर निश्ंचित हो जाता है।

जब सवालों का जवाब 'प्रतिपक्ष' से नहीं मिलता तो खुद से तलाश शुरू होती

है। और तब धूमिल के चिन्तन का एक और पक्ष सामने आता है। वे मध्यवर्गीय भीरूपन से टकराते हैं। उस मानसिक गुलामी से टकराते हैं जो 'आजादी और गांधी' के नारों में उलझा है; नेताओं के पीछे जलसों और जुलसों में उलझा है; अकाल ने जिसका चेहरा झुलसा दिया; या कि जिसका आधे से ज्यादा शरीर भेड़ियों ने खा लिया है; (सूखकर ठठरी हुए आदमी के लिए) वैसे आम जन की खामख्याली से टकराते हैं। वे इस नब्ज पर अंगुली रखते हैं कि 'यह ख्याल ही उनका हत्यारा है।' वे इस बात से परेशान हैं कि जब तक अपराध के असली मुकाम पर अंगुली न रखी जाए; उस मुहावरे को डिकोड न किया जाए जिसने आजादी एवं गांधी के नाम पर उलझा रखा है, तब तक बदलाव सम्भव नहीं है। उन्हें लगता है कि प्रतिरोध की आवाज पैदा करने की बजाय जनता जब तक अपनी हालत पर तरस खाकर रशद बाँटने वाले, अनाज बाँटने वाले 'उस आदमी' (नेताओं) की नीयत नहीं समझती बदलाव की आशा करना व्यर्थ है। धूमिल प्रतीकों की भाषा में बात करने की जगह 'प्रजातंत्र' की कमजोरी पर सीधे चोट करते हैं जिसने आम आदमी के चेहरे को झुर्रीदार और धनवानों के चेहरे को लोचदार बना रखा है।

कविता का अन्त एक तरह की खीझ से हुआ है। खीझ तटस्थता के प्रति; विरक्ति के प्रति। अपने हालात से समझौता कर अकाल को सोहर की तरह गाने की प्रवृति के प्रति। उन्हें लगता है कि जनता किसी भी क्रान्ति के लिए तैयार नहीं है। वह युद्ध के उन्माद में एकता दिखाने के लिए तैयार है परन्तु अपनी स्थितियों से लड़ने को तैयार नहीं है।

5. वसन्त

धूमिल की कुछ कविताएँ अपने बिम्बों को लेकर एवं प्रतीकों को लेकर चर्चित हुई हैं। 'वसन्त' उनकी एक ऐसी ही कविता है जिसमें 'मासिक धर्म में डूबे हुए लत्ते सा खड़खड़ाता हुआ दिन' आता है। कविता में ऐसे प्रयोग को लेकर जब धूमिल की चौतरफा आलोचना हो रही थी उन्होंने अपने अभिन्न मित्र काशीनाथ जी से प्रतिक्रिया में कहा था कि लोग कविता का मर्म समझने की जगह इस लत्ते को झंडे की तरह फहरा रहे हैं। धूमिल की रचना प्रक्रिया को समझे बगैर 'वसन्त' जैसी कविताओं का मर्म निकालना सम्भव नहीं है। धूमिल की कविताओ में बिखरी हुई असम्बद्ध सी लगने वाली पक्तियों को 'अमैल्गमेशन' (एकीकरण) द्वारा जोड़ने की कला दिखाई देती है। इसका जिक्र काशीनाथ सिंह ने धूमिल को लेकर आलोचना के अपने लेख में किया है। वसन्त में कई असम्बद्ध बिम्ब आते हैं—

—कुर्सी में टिमटिमाते आदमी की आँखों में ऊब
—अप्रत्याशित ध्वनियों के समानान्तर एक खोखला मैदान

—मासिक धर्म में डूबे हुए लत्ते सा खड़खड़ाता हुआ दिन
—जाड़े की रात में जले हुए कुत्ते का घाव
—उधार देने वाले बनिए के नमस्कार
—वारंट के साथ अमीन की उतावली

ये सारे प्रयोग किसी न किसी भाव से जुड़े हैं जिसे धूमिल के ही शब्दों में कहें तो 'नामों और आकारों के बीच से चीजों को टटोलकर निकालना' आने पर ही रूपायित किया जा सकता है। कविता का मर्म उन असम्बद्ध सी लगने वाली पंक्तियों को एक विचार प्रक्रिया से जोड़कर देखने से निकलता है। वसन्त सबके लिए एक सा नहीं होता। या फिर वैसा नहीं होता जैसा कि हमने अपने दिमाग में बना रखा है। धूमिल अपनी कविताओं द्वारा प्रचलित शब्दों एवं धारणाओं को चुनौती देते हैं, एवं उनके नए आयामों को उजागर करते हैं। वसन्त के पारम्परिक सौन्दर्य की छवि के बरक्स वे एक ऐसे वसन्त का चित्र खीचते हैं जिसमें सौदर्य में स्वाद का मेल नहीं मिलता।

6. एकान्त कथा

धूमिल की कविताएँ अपनी सपाटबयानी के लिए जानी जाती हैं। यह सपाटबयानी कविता को गद्य में लिखना नहीं है। न ही बयानबाजी की कविता को कविता बनाना है। यह शब्दों और आदमी की परतों को इस कदर खोल देना है कि उसका नंगापन सामने आ जाए। एक ऐसी ही कविता है 'एकान्त कथा'। एक आदमी के शालीन दिखनेवाले चेहरे एवं छुपे हुए उद्दंड चेहरे के फर्क को उजागर करती कविता। कविता साफ एवं सीधी है। जिन्दगी के काले कोनों में पड़ी अन्धी ढलान की पड़ताल करती इस कविता में कोई दर्शन या विश्लेषण नहीं है सिवाय इस स्वीकारोक्ति पूर्ण 'शायद' के कि 'इसलिए कि थोड़ी देर ही सही मृत्यु से उबर सके' लेकिन कविता के मूल में जूते से निकाले गए पाँव की महक है। वो महक जो हम सबने जूते के मोजे के तले छिपा रखी है। पर दिख जाती है उन तमाम चीजों में जो हमें उत्तेजित करती है ? उन नजरों में जो 'सेंकते हैं शील' और ठोकते हैं जगह-जगह कील्ला' ऐसी स्थिति में सड़कों में बहसों में चहकना एवं चेहरे पर शालीनता का भाव रखना हमारी जिन्दगी की अन्धी ढलानों को किस प्रकार ढकता है कविता बड़ी ही साफगोई से व्यक्त करती है।

7. शान्ति पाठ

धूमिल की कुछ कविताएँ अपने सपाटबयानी के लिए चर्चित हैं, तो कुछ कविताओं में ठीक इसके उलट संकेतों की भाषा का इस्तेमाल मिलता है। एक ऐसी ही कविता

है शान्ति पाठ। यह कविता नेहरू जी के व्यक्तित्व पर सीधी चोट करती कविता है। यद्यपि कविता में कहीं भी नेहरू जी का नाम नहीं आया है परन्तु पूरा का पूरा घटनाक्रम एवं संकेत चिन्ह उनकी ओर इशारा करते हैं। नेहरू जी के चीन युद्ध के दौरान ढुलमुल रवैये पर एक तीखी टिप्पणी करती यह कविता उस दौर के जनमानस में नेहरू के प्रति उठ रहे भावों को संकेत चिन्हों में व्यक्त करती है। कुछ संकेत साफ हैं।

यथा—

''मैकमोहन रेखा एक मुर्दे की बगल में सो रही है और मैं दुनिया के शान्ति दूतों और जूतों को परम्परा की पालिश से चमका रहा हूँ।''

''पूरी नैतिकता के साथ अपने सड़े हुए अंगों को सह रहा हूँ, भेड़िए को भाई कह रहा हूँ।''

''मैं न कमन्द हूँ
न कवच हूँ
न छन्द हूँ
मैं बीचोबीच से दब गया हूँ
मै चारों तरफ से बन्द हूँ।''

''डमरू की तरह बजता हुआ मेरा चरित्र अंगरेजी का आठ है।''

तत्कालीन जनमानस में नेहरू जी की छवि कुछ इसी तरह की बन गई थी। हिन्दी–चीनी भाई–भाई के उनके नारे के बाद चीनी आक्रमण ने उनकी छवि एक ऐसे राजनेता की बना दी थी जो इस आक्रमण एवं अपनी शान्ति–दूत के बीच की छवि के बीचोबीच दब गया था।

लेकिन कविता के प्रतीक नेहरू जी के व्यक्तिगत चरित्र हनन से ऊपर जाकर उस दौर के राजनीतिक माहौल जिसने इस पूरे चरित्र को गढ़ा था; की ओर इशारा करते हैं। यह कविता न केवल नेहरू जी की व्यक्तिगत छवि बल्कि पूरे नेहरू मॉडल पर चोट करती है। उस दौर में विदेशी मुद्रा के बढ़ते प्रभाव, बढ़ती बेरोजगारी एवं राजनीतिक चरित्रहीनता को भी उजागर करती है। यह कविता उस युद्ध के माहौल एवं पराजय से उपजी हीनता ग्रन्थी को बखूबी व्यक्त करती है—

''मेरा डर मुझे चर रहा है
मेरा अस्तित्व पड़ोस की नफरत की बगल से उभर रहा है।''

युद्ध के नाम पर राजनीतिक रोटी सेकने एवं पंचवर्षीय योजना के छलावे को व्यक्त करती ये पंक्तियाँ राजनीतिक चरित्र के बदलाव को व्यक्त करती हैं–

''खुद को निहत्था साबित करने के लिए मैने गांधी के तीन बन्दरों की हत्या की है।''

''जयरामपेशा औरतों की सावधानी और संकटकालीन क्रूरता मेरी रक्षा कर रही है।''

''गर्भ गदगद औरतों में अजवाइन का सत और मिस्सी बाँट रहा हूँ।''

''युवकों को आत्महत्या के लिए रोजगार दफ्तर भेजकर पंचवर्षीय योजना की सख्त चट्टान को कागज से काट रहा हूँ।''

राजनीति में विदेशी धन एवं विदेशी प्रभाव को व्यक्त करती ये पंक्तियाँ भी ध्यान देने योग्य हैं—

''मैं अपनी ठंढी मांसपेशियों को विदेशी मुद्रा में ढाल रहा हूँ।''

''मैं देख रहा हूँ एशिया में दाएँ हाथों की मक्कारी विस्फोटक सुरंगें बिछा दी हैं।''

''विदेशी युद्ध प्रेक्षकों ने
आजादी की बिगड़ी हुई मशीन को ठीक कर दिया है।''

''लंदन और न्यूयार्क के घुंडीदार तसमों डमरू की तरह बजता हुआ मेरा चरित्र।''

इस प्रकार यह कविता अपने संकेतों से न केवल एक व्यक्ति वरन् उस दौर के पूरे माहौल को प्रतिबिम्बित करती है।

8. उस औरत की बगल में लेटकर

धूमिल की कविताएँ कई बार हमें वैचारिक तौर पर उच्च स्तर की आत्मसजगता की जरूरत महसूस कराती हैं। ऐसी कविताएँ ऊपर से कुछ और दिखती हैं, परन्तु निहितार्थ में गहरे डूबे हुईं। एक ऐसी ही कविता है—'उस औरत की बगल में लेटकर' ऊपर से यह कविता किसी की बगल में लेटकर—उसके साथ हमबिस्तर होने के समय का वैचारिक आलाप है, परन्तु अपने गहरे अर्थों में यह कविता एक मध्यवर्गीय 'कायर दिमाग' की पड़ताल है। यह मध्यवर्गीय दिमाग छोटी-छोटी सुविधाओं की लानत-मलामत कर अपने घर को बनाने की जुगत में लगा रहता है; जो अपने सुख में सुखी एवं दुख में दुखी होने की जगह इस बात में सुख महसूस करता है कि पड़ोसियों का कितना नुकसान हुआ—

''मेरे पड़ोसियों के सारे दाँत टूट गए है।''

''उनकी जांघों की हरकत/पाला लगे मटर की तरह/मुझा गई है।''

''उनकी आँखों की सीरत दीवार खा गई है।''

यह कविता उस मध्यवर्गीय 'कायर दिमाग' को चुनौती देती कविता है—उसको साफ शब्दों में चुनौती—

"नंगापन अन्धा होने के खिलाफ एक सख्त कारवाई है।"

यानी कि 'मूंदहूँ आँख कतहूँ कछु नाही' की मानसिकता छोड़िए। उस लाचारी से बाहर निकलिए जो तमाम मुश्किलों का सामना करने की बजाय औरत की बगल में लेटकर—(हाँफते हुए दलदल की बगल में लेटकर जंगल होना) यह भूल जाता है कि वक्त को रगड़कर मिटा/देने के लिए सिर्फ उछलते शरीर ही काफी नहीं हैं। शरीर की प्यास यहाँ प्रतीकात्मक रूप में हमारी सुविधाभोगी मानसिकता को उजागर करती है जो भूल जाता है कि इसी समय—हमारा चेहरा/रसोई घर की फूटी पतीलियों के सामने है।

यह कविता अपने पूरे निहितार्थ में 'घास याने कि हरा डर' से लड़ने की कविता है जो जूता पहनकर टहलने को मना करता है; उस 'कायर दिमाग' से लड़ने की कविता है जो लचारियत पैदा करती है।

9. धूमिल की लम्बी कविताएँ

कविताओं का लम्बा या छोटा होना उनकी उत्कृष्टता का कोई पैमाना नहीं है। 'अरथ अमित अति आखर घोरे' का आदर्श रखनेवाली कविता में लम्बाई का मायना सम्भवतः दूसरा है। जब कवि अपने बहुआयामी विजन को एक छोटी कविता में देखने/दिखाने में असमर्थ पाता है तब लम्बी कविता की सम्भावना जन्म लेती है। यह लम्बी कविता प्रबन्ध काव्य या खंड काव्य की तरह घटनाओं के विस्तार की अपेक्षा 'घटना' के बहुआयामों को दर्शाती है। प्रबन्ध या खंड काव्य का विस्तार अनिवार्यतः उनके घटनाक्रम विस्तार के कारण होता है और लम्बी कविता यहीं अपने आप को उससे अलग करती है। हिन्दी में धूमिल से पूर्व भी लम्बी कविताओं की सुदीर्घ परम्परा रही है। उनसे पहले की बहुचर्चित लम्बी कविताओं में निराला की 'राम की शक्ति पूजा' 'सरोज स्मृति' 'कुकुरमुत्ता' अज्ञेय की 'असाध्य वीणा' मुक्तिबोध की 'अँधेरे में' श्रीकांत वर्मा की 'मगध' की एक सुदीर्घ परम्परा थी। धूमिल के सामने एक काव्य रूप में लम्बी कविताएँ थीं एवं जब उन्हें लगा कि उन्हें अपनी बात ठोस ढंग से कहने के लिए इसकी आवश्यकता है—उन्होंने इसे अपनाया।

इस परिशिष्ट में विचार उनकी तीन प्रसिद्ध लम्बी कविताओं–भाषा की रात एवं 'पटकथा' एवं मोचीराम पर।

शुरुआत 'भाषा की रात' से। यह कविता अपने दोहरे स्वरूप में शब्दों के व्याकरण के माध्यम से देश का व्याकरण समझने/समझाने की एक कोशिश है। कविता में कोई एक घटना नहीं है। कुछ बिम्ब हैं। कुछ प्रतीक हैं। और एक मुकम्मल तस्वीर है उस दौर की जहाँ राजनीति एवं व्यवस्था की दोहरी चक्की

आदमी को महीन ढंग से पीस रही है। कविता की शुरुआत होती है एक 'पुतला दहन' के बिम्ब से। राजनीतिक व्यवस्था में 'प्रतिपक्ष' हर समय गलत को सही करने का औजार नहीं होती। जो लोग 'ये आजादी झूठी है-देश की जनता भूखी है' का नारा देकर अपनी राजनीति चमका रहे होते हैं वे 'उत्तेजित भीड़ का कवच' धारण किए चन्द चालाक लोग हैं जो जानते हैं कि भूखी जनता नारों में बहकाई जा सकती है—भूख से भागा हुआ आदमी भाषा की ओर जाएगा। ऐसे में अपने इरादों को छिपाने के लिए अलंकार एवं तमगों को लौटाने की भी कवायद की जा रही है।

राजनीति अपने चेहरे बदलने में माहिर लोगों का खेल है। एक ऐसा खेल जो उस जुबान में खेला जाता है जो आम जनता को पसन्द हो जिसमें धोखा देने की तमाम रवायतें मौजूद हो। कभी 'बचपन के लोरियों की गंध' तो कभी 'पसीने की बदबू'। इस पूरे प्रकरण में व्यवस्था की 'नरभक्षी जीभ' उसके 'बनियानों के नीचे छिपी हुई खूनी कटार' उसकी तीन मुँह वाली खौफनाक परछाई (त्रिभाषा फार्मूला) अपना चेहरा-मोहरा छिपाकर चलती है। वह बहस के लिए ऐसे मुद्दे लाती है जो जनता को भरमा सके। क्योकि उन्हें मालूम है कि 'एक भुक्खड़ जब गुस्सा करेगा; अपनी ही अंगुलियाँ चबाएगा। उन्होंने मान लिया है कि अपनी बौनी मौकापरस्त भलमनसाहत एवं सहानुभूति प्रदर्शन से वे जनता को भरमा सकते हैं। यहीं कविता की असली चिन्ता सामने आती है-चीजें तुम्हारे शिनाख्त के अभाव में अपनी असलियत खो रही हैं।

यह कविता जनतंत्र के उस चेहरे को उजागर करती है जिसमें राजनीतिक वर्ग अपने लाभ के लिए—मूल मुद्दो से ध्यान हटाने के लिए देश के नाम पर तमाम हथकंडे अपना रहे हैं। कभी 'गांधीवाद' के नाम पर 'वैष्णव जन तो तेने कहिए' तो कभी गरीबी हटाओ के नाम पर। कविता की मूल चिन्ता यही है कि इन छलावों के नाम पर 'तुम्हें जाम करने का पूरा इंतजाम है।' त्रिभाषा फार्मूला 'तीन मुँह वाली' भाषा के नाम पर जिस प्रकार देश की राजनीतिक व्यवस्था आम जनता को छल रही थी उसके खिलाफ प्रतिरोध की कविता है—'भाषा की रात'।

धूमिल की कविताओं में सदैव एक आत्मावलोकन का स्वर सुनाई पड़ता है। उनकी लड़ाई आम जनता के लिए है परन्तु उनका प्रतिपक्ष केवल बाहर के लोग या राजनीतिक, प्रशासनिक तंत्र मात्र नहीं है। उनकी लड़ाई खुद उस आम जनता की तटस्थता के विरुद्ध है जो अपने आप में डूबी हुई है; मौसम में आनेवाले बदलावों से बेखबर किताब में छपे पेड़ की तरह चुपचाप खड़ी। वे उस तटस्थता का कारण जानते हैं जो जनता के दिलोदिमाग में गहरे बैठ चुकी है—'मै भी भयभीत हूँ/ मशालची/ घूम रहे हैं। इसलिए वे इस भय के माहौल से निकालकर उसे उस सच्चाई से रुबरु कराना चाहते हैं जो कभी भाषा कभी प्रान्तवाद एवं कभी धर्म के नाम पर देश के

लोगो के बीच दरार पैदा कर अपनी रोटी सेंक रहा है। लोगों को आत्मदहन के लिए उकसा रहा है। (इशारा आंध्र के श्री रामलू की ओर) या फिर स्थानीय लोगों को जगाने के नाम पर सेनाएँ बना रहा है (इशारा स्थानीय दलों के नाम पर बनती सेनाओं की ओर) जो स्थानीय लोगों को रोजगार दिलाने के नाम पर भाषा की दीवार खड़ी कर रहे हैं। कल तक जो गुजराती और मराठी मुँह में जीभ डालकर बोलने वाले प्यारे पड़ोसी थे–आज एक दूसरे से डर रहे हैं। नफरत की एक ऐसी दीवार खड़ी हो गई है जिसमें या तो चीजें झुक रही है (भाषा के नाम पर राज्यों के निर्माण की स्वीकृति) या पीछे हट रही हैं (हिन्दी को संघ की भाषा बनाने की स्वीकृति से पीछे हटना)।

'भाषा की रात' में धूमिल इस भाषायी विवाद के माध्यम से पैदा किए जाने वाले 'अन्धे जुनून' के लाभ–भोगियों को भी पहचानते हैं। भाषा का सारा विवाद देशी भाषाओं की आपसी टकराहट का है। अंग्रेजी के राज से किसी को भी गुरेज नहीं। एक विदेशी मुद्रावाला–अवैतनिक दुभाषिया खिलखिला रहा है। धूमिल के निशाने पर है वह निहाल–तोंदियल व्यवसायी वर्ग जिसके लिए यह भाषा विवाद एक तमाशे से अधिक कुछ भी नहीं। उसके लिए भाषा तो सहमति की भाषा है। तख्ती पर अक्षर बदलने से उसे कोई परहेज नहीं।

इस पूरे प्रकरण में धूमिल की कविता का अन्त एक क्रान्तिकारी आगाह के तौर पर होता है। वे आगाह करते हैं कि भाषा उस तिकड़मी दरिन्दे का कौर है जो संसद पर और है और संसद में और है। वे अपने ठेठ देशी अन्दाज में कहते हैं—'तुम्हारा यह तमिल दुख मेरी इस भोजपुरी पीड़ा का भाई है।'

वे भाषावार हमलों से हलकान देश के तमाम लोगों के जुनून को आवाज देते हैं कि 'भाषा ठीक करने से पहले आदमी को ठीक कर' वे लोगों को अपने गुस्से, जुनून और पीड़ा एक सकारात्मक ढंग देने के लिए जगाते हैं—

"साफ साफ कह दे कि यह
सिर्फ सकारी हुई आत्मीयता है
कि भूखा रहकर भी आदमी
अपने हिस्से का आकाश
मुस्कराते हुए ढोता है
देश की मिट्टी को आँख की
पुतली समझता है
वर्ना रोटी के टुकड़े पर
किसी भी भाषा में देश का नाम लिखकर
खिला देने से कोई देशभक्त नहीं होता।"

धूमिल की लम्बी कविताओं में सबसे चर्चित कविता रही है 'पटकथा।' अपनी

शैली में 'मुक्तिबोध के अँधेरे में' की तरह मानसिक श्रम की अपेक्षा नहीं रखते। फिर भी अपनी बुनावट और रूप-रंग में यह कविता उसी प्रकार की है। दोनों की चिताएँ लगभग एक जैसी हैं—दोनों के विचार बिन्दुओं में भी समानता है और दोनों के कहने का ढंग भी एक सा है। अन्तर शायद इतना ही है कि मुक्तिबोध संकेतों में बात करते है और धूमिल सीधे-सीधे। मुक्तिबोध की कविता मेरे आदर्शवादी मन को आवाज देती कविता है तो धूमिल की पटकथा इस देश की जनता को सीधे सीधे सम्बोधित करती कविता।

यह कविता आजादी के बाद के तीस सालों (1947-70 के दशक) की सभ्यता समीक्षा है। और एक अर्थ में इसे आज की स्थिति पर भी लागू कर सकते हैं क्योंकि आज भी टोपियाँ बदल गईं कुर्सियाँ वही हैं।

धूमिल की कविताओं की शुरुआत होती है—पुरानी तस्वीरों को दीवार से उतारकर साफ करने से। पुरानी तस्वीरों में आने से पहले कवि निकल रहा है अपनी आँतों का एक्स-रे करा के। जिस प्रकार डॉक्टर एक्स रे के माध्यम से उन काले धब्बों के कारणों की पहचान करता है धूमिल अपनी कविता के माध्यम से अपने भारत के अतीत एव वर्तमान का एक्स रे करते हैं। जो मर्ज हमारी बाहर की आँखों को दिखाई नहीं देता वह एक्स रे में साफ-साफ नजर आने लगता है।

कविता में विशेष रूप से सचेत कवियों की कविता में कुछ भी गैर जरूरी नहीं होता। धूमिल जब पटकथा की शुरुआत करते हैं तो 'जीभ और जाँघ के स्थानिक भूगोल' की बात करते हैं; वर्जित इलाकों में अपनी आदतों के शिकार होने की बात करते हैं; औरतों के लिए गैर जरूरी होने के बाद अपनी ऊब का समाधान ढूंढ़ने की बात करते हैं, जिसका दूर-दूर तक कोई सम्बन्ध बाद की कविता से नजर नहीं आता। पर ऐसा धूमिल क्यों करते हैं? क्या सिर्फ चौकाने के लिए। या कि चमत्कार पैदा करने के लिए। यदि सचेत रूप से देखें तो इस प्रकरण का अन्त होता है—'अपनी आदतों का शिकार/होने से पहले ही/ बाहर चला आया। आप अपनी ऊब का समाधान ढूँढ़ने के लिए रेड लाइट एरिया के वर्जित इलाकों में जा सकते हैं परन्तु वह समाधान आपकी भूख को क्षणिक रूप से ही शान्त करेगा। इसलिए आपको इससे बाहर निकलना होगा। कविता की शुरुआत का यह विलक्षण तरीका है धूमिल का।

कविता एक सुन्दर स्वप्न की तरह शुरू होती है। 'उपकार' फिल्म के गीत—'मेरे देश की धरती सोना उगले' की तरह। 'बाहर हवा थी; धूप थी, घास थी—आजादी का रुमानियत भरा अहसास था, सुनहरे वादे थे, खुशफहम इरादे थे। भूख,गरीबी, अशिक्षा; जैसी बुनियादी समस्याओं को दूर कर पाने के इरादे। पर चल क्या रहा था? एक पौधा लगाकर 'वन महोत्सव' मनाने का एवं एक जोड़ा कबूतर उड़ाकर शान्ति और मनुष्यता का सपना दिखाने का स्वाँग।

धूमिल संकेतों में बात करते हैं परन्तु अदृश्य संकेतों में नहीं। वे अपनी कविता में जिसे 'टारगेट' करते हैं उसे सीधे-सीधे चुनौती देते हैं—भले ही वे लोकनायक जवाहर लाल नेहरू हो। या कि अपने-अपने हिस्से का अनाज खाकर निरापद भाव से बच्चे जनते आम जन। एक ओर वे 'कोट के बटन होल में टके महकते हुए गुलाब के फूल की रुमानियत, उनके विश्वशान्ति एवं पंचशील के सूत्रों के खोखलेपन की ओर इशारा करते हैं तो दूसरी ओर शब्दों के जंगल में खोए बुद्धिजीवियों एवं भाषा एवं प्रान्तवाद के नाम पर चल रही राजनीति को भी सामने लाते हैं।

फिर आता है 1962 का चीन युद्ध। 1962 का मोहभंग। जब कि सारा धीरज युद्ध की आग से पिघलती हुई बर्फ में बह गया। इस युद्ध ने नेहरू के शान्तिवादी की इमेज 'एक तटस्थ और कोढ़ी देवता' की बना दी। चीन की हिन्दी चीनी भाई-भाई एवं पंचशील के चेहरे को बेनकाब कर बता दिया कि दुनिया का सबसे बड़ा बौद्ध मठ/बारूद का सबसे बड़ा गोदाम है।

इस मोहभंग ने 'जनतंत्र के तमाशे' और 'मदारी की भाषा' की कलई उतार दी। यह सोचने पर विवश किया कि यह हमारा देश एक भौगोलिक इकाई 'हिमालय से हिन्द महासागर तक' से एक देश में तब्दील हो पाया है या नहीं । क्या भाषा और प्रान्तवाद के नारे में फँसकर आजादी का अर्थ गुम हो गया है। यहाँ धूमिल अपने पूरे तेवर में तथाकथित 'आम जनता' को चुनौती देते हैं—आप एक शब्द मात्र नहीं हैं जो जहाँ चाहे हाँककर ले जाई जाएँ-थोड़ी सी हरियाली का सपना दिखाकर। धूमिल उस जनतंत्र को चुनौती देते हैं जिसमें घोड़े और घास को एक जैसी छूट है। ऐसी छूट में कहीं-कहीं घास का हरा होना सुखद नहीं डरावना है।

धूमिल अपने विश्लेषण एवं शब्दों के चुनाव में इतने सटीक होते हैं कि उनकी चार पंक्तियाँ ही सारे फरेब को उजागर करने के लिए काफी होती हैं—

'यहाँ सिर्फ वह आदमी देश के करीब है जो या तो मूर्ख है या फिर गरीब है।'

फिर दृश्य बदलता है। इस बार पश्चिमी सीमान्त सुलग उठता है 1965 के पाकिस्तानी आक्रमण से। इसने आत्महीनता की ग्रन्थी से जूझते भारत को अचानक जिन्दा कर दिया। पर इसमें भी धूमिल का विश्लेषण ध्यान देने योग्य है—

"इसे साहस मत कहो
दरअसल यह पुट्ठों तक चोट खाई हुई गाय की घृणा थी
(जिन्दा रहने की पुरजोर कोशिश)
जो उस आदमखोर की हविस से बड़ी थी।"

उसके बाद शास्त्री जी की अचानक मौत एवं उसके बाद के भारत का माहौल सामने आता है। धूमिल अपने विश्लेषण में बेबाक हैं। वे ठीकरा केवल राजनीतिज्ञों के सर नहीं फोड़ते जो देश, धर्म और नैतिकता की दुहाई देकर; भूख और गाय के

नाम पर अपनी राजनीति की रोटी सेक रहे हैं। वे उस शर्मनाक दौर के लिए उस 'आम जनता' को भी नहीं बख्शते जो सिर्फ अपना धन्धा देखती है। वे इस पूरे दौर को चुनौती देते हैं जब हम सभी अपनी आत्मा की सरलता को मारकर अँधेरे में सुला चुके हैं। याद करें धूमिल के बरक्स मुक्तिबोध की पंक्तियाँ 'अब तक क्या किया, जीवन क्या जिया?' यह उसी स्तर का आत्मावलोकन है। इसमें केवल सर्वहारा होना आपको बचा नहीं सकता। क्योंकि आप अपने ही भाइ–बन्धु की पीठ में छुरा भोंक रहे हैं—

> ''ठीक उस मोची की तरह जो चौक से गुजरते देहाती को
> प्यार से बुलाता है और मरम्मत के नाम पर
> लोहे की तीन दर्जन फुल्लियाँ
> ठोक देता है और उसके नहीं–नहीं करने के बावजूद
> डपटकर पैसा वसूलता है।''

धूमिल का विश्लेषण साफ है। सिर्फ ऊब, संशय, नफरत, बेचैनी, गुस्सा एक तथ्यहीन मिश्रण बनकर रह जाएगा जब हर आदमी अपनी जरूरतों के आगे असहाय हो जाए।

कविता आगे बढ़ती है। इसके बाद सामने आता है 1967 का नक्सलवाड़ी दौर और उसके दौर का द्वन्द्व। चौथे आम चुनाव से पहले का दौर। नक्सलवाद की राजनीति को लेकर धूमिल की कविता कई स्तरों पर है। एक ओर तो वे इसे उस 'ऊब को आकार देने की कोशिश के रूप में देखते हैं जो उस दौर की राजनीति से पैदा हुई थी। दूसरे वह उस व्यवस्था की उपज बताते हैं जो भूख की मार से उपजा था। जो उस पूँजीवादी व्यवस्था के खिलाफ उस तक से जन्मी थी कि भूखे आदमी का सबसे बड़ा तर्क रोटी है। लेकिन यहाँ पर वे इस राजनीति के अन्धे पहलुओं को भी 'टच' करते हैं—जो मानती है कि 'साबित करो/ कि वे सारी चीजें अन्धी हो गई हैं जिसमें तुम शरीक नहीं हो।' नक्सलवादी हिंसा के स्वरूप पर धूमिल से बेहतर टिप्पणी शायद किसी ने की हो—

> ''एक अजीब सी प्यार भरी गुर्राहट
> जैसे कोई मादा भेड़िया
> अपने छौने को दूध पिला रही है और
> साथ ही किसी मेमने का सिर चबा रही है।''

नक्सलवाद के प्रति उस दौर के युवा वर्ग में जहाँ एक ओर आकर्षण था—'लाखों हैं जो तुम्हारे इन्तजार में खड़े हैं' वहीं एक मध्यवर्गीय अवरोध भी था जिसे धूमिल इस रूप में देख रहे थे—

> ''मैं हिचक रहा था
> क्योंकि मेरे पास

कुल जमा थोड़ी सुविधाएँ थीं
जो मेरी सीमाएँ थीं।''

आज जब हम व्यवस्था परिवर्तन का नारा और आम आदमी का नारा बार-बार सुनते हैं तो धूमिल की पंक्तियाँ सटीक वार करती हैं—

''यह सही है कि मैं
कोई ठंडा आदमी नहीं हूँ
मुझमें भी आग है—
मगर वह
भभककर बाहर नहीं आती
क्योंकि उसके चारों तरफ चक्कर काटता हुआ
एक 'पूँजीवादी' दिमाग है
जो परिवर्तन तो चाहता है
मगर आहिस्ता-आहिस्ता
कुछ इस तरह कि चीजों की शालीनता बनी रहे।
कुछ इस तरह कि काँख भी ढकी रहे
और विरोध में उठे हुए हाथ की मुट्ठी भी तनी रहे...
और यही वजह है कि बात
फैलने की हद तक
आते-आते रुक जाती है
क्योंकि हर बार
चन्द टुच्ची सुविधाओं के लालच के सामने
अभियोग की भाषा चुक जाती है।''

धूमिल की कविता इस आत्मविश्लेषण से आगे बढ़ती हुई टकराती है चौथे आम चुनाव की राजनीति से जहाँ—'मत वर्षा के इस दादुर शोर में' तमाम विरोधों के बावजूद राजनीतिज्ञों में एक बात की सहमति है कि 'इस देश में असंख्य रोग हैं और उनका एकमात्र इलाज-चुनाव है। क्योंकि सड़ाँध के दौर में भी यह किसी हद तक 'कम से कम बुरे को' चुनने का अवसर देती है। यह उस दौर की राजनीति थी जब लेखक ने

''ऊब और गुस्से को
गलत मुहरों के नीचे से गुजरते हुए देखा
मैंने अहिंसा को
एक सत्तारुढ़ शब्द का गला काटते हुए देखा
मैंने ईमानदारी को अपनी चोरजेबें
भरते हुए देखा

मैंने विवेक को
चापलूसों के तलवे चाटते हुए देखा...
मैं यह सब देख ही रहा था कि एक नया रेला आया—
उन्मत लोगों का बर्बर जुलूस। वे किसी आदमी
को हाथों पर गठरी की तरह उछाल रहे थे
उसे एक-दूसरे से छीन रहे थे। उसे घसीट रहे थे।
चूम रहे थे। पीट रहे थे। गाँलियाँ दे रहे थे।
गले से लगा रहे थे। उसकी प्रशंसा के गीत
गा रहे थे। उस पर अनगिनत झंडे फहरा रहे थे।
उसकी जीभ बाहर लटक रही थी। उसकी आँखें बन्द थीं।
उसका चेहरा खून और आँसू से तर था।''

लेकिन निराशावाद धूमिल की कविता का स्वर नहीं है। वे मानते हैं कि बेचैनी के आगे भी राह है। वे और उनके स्वप्न का अन्तिम हिस्सा इसका गवाह है—

''मैने सुना। वह आहिस्ता-आहिस्ता कह रहा है
जैसे किसी जले हुए जंगल में
पानी का एक ठंडा सोता बह रहा है
घास की ताजगी-भरी
ऐसी आवाज है
जो न किसी से खुश है, न नाराज है।
भूख ने उन्हें जानवर कर दिया है
संशय ने उन्हें आग्रहों से भर दिया है
फिर भी वे अपने हैं...
अपने हैं...
अपने हैं...
जीवित भविष्य के सुन्दरतम सपने हैं
नहीं हैं। अपने लोगों की घृणा के
इस महोत्सव में
मैं शापित निश्चय हूँ
मुझे किसी से भय नहीं है।
तुम मेरी चिन्ता न करो। उनके साथ
चलो। इससे पहले कि वे
गलत हाथों के हथियार हो
इससे पहले कि वे नारों और इश्तिहारों से

काले बाजार हो
उनसे मिलो। उन्हें बदलो।
नहीं–भीड़ के खिलाफ रुकना
एक खूनी विचार है
क्योंकि हर ठहरा हुआ आदमी
इस हिंसक भीड़ का
अन्धा शिकार है।
तुम मेरी चिन्ता मत करो।
मैं हर वक्त सिर्फ एक चेहरा नहीं हूँ
जहाँ वर्तमान
अपने शिकारी कुत्ते उतारता है
अक्सर मैं मिट्टी का हरकत करता हुआ
वह टुकड़ा हूँ
जो आदमी की शिराओं में
बहते हुए खून को
उसके सही नाम से पुकारता है।''

इसके बाद की पंक्तियाँ कविता की नींद से जागने के बाद की पंक्तियाँ हैं जिसमें धूमिल का अवलोकन मुक्तिबोध के अवलोकन से मेल खाता है—'वे वकील हैं, वैज्ञानिक हैं। अध्यापक हैं। नेता हैं। दार्शनिक हैं। लेखक हैं। कवि हैं। कलाकार हैं। यानी कि कानून की भाषा बोलता अपराधियों का संयुक्त परिवार है। उसमें कांग्रेसी है। समाजवादी है। धूमिल की पैनी नजर से कोई बच नहीं पाता। क्योंकि वे देख पाते हैं कि प्रतिरोध करने वाले अन्ततः व्यवस्था का हिस्सा बन जा रहे हैं—

''व्यवस्था की मशीन का
एक पुर्जा गरम होकर
अलग छिटक गया है और
ठंडा होते ही
फिर कुर्सी से चिपक गया है।'
मैने हरेक को आवाज दी है
हरेक का दरवाजा खटखटाया है
मगर बेकार...मैंने जिसकी पूँछ/उठाई है
उसको मादा पाया है।''

कविता के अन्त में आती है संसद समीक्षा जो संभवतः इस संग्रह का नामकरण का आधार भी है

"मुझसे कहा गया कि संसद
देश की धड़कन को
प्रतिबिम्बित करनेवाला दर्पण है
जनता को
जनता के विचारों का
नैतिक समर्पण है
लेकिन क्या यह सच है?
या यह सच है कि
टपने यहाँ संसद-
तेली की वह घानी है
जिसमें आधा तेल है
और आधा पानी है।"

आश्चर्य नहीं कि यह कविता अपने पूरे विश्लेषण में संसदीय राजनीति के हमारे दौर की समीक्षा की सबसे सटीक कविता है। यह धूमिल के सचेतन काव्य चिन्तन के मील का पत्थर है।

'मोचीराम'

यह कविता एक संश्लिष्ट ताने-बाने में धूमिल की प्रतिबद्धता का आइना है। प्राय: आलोचकों ने कविता को धूमिल की 'सर्वहारा' के प्रति झुकाव को अभिव्यक्त करनेवाली कविता के रूप में देखा है एवं 'वर्ग संघर्ष' का आइना बतानेवाली कविता कहा है। एक मुकम्मल विश्लेषण में कविता इससे कहीं आगे जाती है।

कविता की शुरुआत 'मोचीराम' की निगाहों से दुनिया देखने की कोशिश से होती है। इसी क्रम में उसका चिन्तन क्रम चलता रहता है। उसके सामने दो जूते दो वर्गों के प्रतिनिधि चरित्र बनकर आते हैं एवं दोनों का चरित्र मोचीराम की निगाहों से उभरता है। और कविता का अन्त मोचीराम की अपनी अनुभव कथा के साथ होता है। इस प्रकार कविता दो प्रतिनिधि वर्ग चरित्रों का टकराव मात्र नहीं है। उसके बीच में मोचीराम स्वयं है एक तटस्थ कथावाचक दृष्टि से भी एवं एक प्रतिबद्ध लेखक के तौर पर भी।

धूमिल विचारों के कवि हैं। उनके अपने ही शब्दों में एक सही कविता पहले एक सार्थक वक्तव्य होती है। इस कविता का सार्थक वक्तव्य-केन्द्रीय तत्त्व है—

"कि जिन्दा रहने के पीछे
अगर सही तर्क नहीं है

तो रामनामी बेचकर या रंडियों की
दलाली करके रोजी कमाने में
कोई फर्क नहीं है।''

पूरी कविता में यह विचार संश्लिष्ट रूप से सर्वत्र विद्यमन है। और यह सिर्फ कविता का विचार मात्र नहीं है। इसमें धूमिल की पूरी काव्य अन्तर्दृष्टि समाहित है। कविता लिखने के पीछे का उनका सार विचार इन पंक्तियों में सिमट आया है। एक पेशे के तौर पर लेखक कवि-साहित्यकार की क्या जिम्मेदारी होनी चाहिए उसके प्रति एक सटीक टिप्पणी है यह कविता। इसलिए यह कविता मोचीराम के वर्ग चरित्र या सर्वहारा के वर्ग चरित्र से बाहर निकलकर देखने की माँग करती है।

कविता में धूमिल ने मोचीराम का चुनाव एक सोची-समझी रणनीति के तहत किया है। इससे उन्हें अपनी नजरों से दुनिया देखने-दिखाने, टटोलने में सहूलियत होती है क्योंकि उसके सामने पूरी दुनिया हम्माम के नंगों की तरह होती है—

''न कोई छोटा है
न कोई बड़ा है
मेरे लिए हर आदमी एक जोड़ी जूता है
जो मेरे सामने
मरम्मत के लिए खड़ा है।''

कविता में मोचीराम का संवाद किससे हो रहा है, उसका वर्ग चरित्र क्या है यह कविता के अन्दर छिपा है। कविता में वह चरित्र मैं के रूप में आया है। यह मैं कवि की तटस्थ निगाह है जो मोचीराम को देखती है। उसके विचारों को टटोलती है और अन्त में उसका विश्लेषण करती है—

''जबकि मैं जानता हूँ कि इनकार से भी हुई एक चीख
और एक समझदार चुप
दोनों का मतलब एक है—
भविष्य गठने में चुप और चीख
अपनी-अपनी जगह एक ही किस्म
अपना-अपना फर्ज अदा करते हैं।''

कविता में 'मोचीराम' का चरित्र एक और दृष्टि से महत्त्वपूर्ण है। वह दो स्तरों पर परिचालित होता है। एक स्तर वह है जहाँ उसके लिए आदमी 'एक जोड़ी जूता' बन जाता है। यह मात्र पेटोगत ईमानदारी नहीं है, अपने गहरे रूप में व्यवसायिकता के दबाव में बदलते पेशेवर मूल्यों के ऊपर चोट करती पंक्ति है। आज जब आप डॉक्टर को दिखाने जाते हैं एवं वह लम्बी-चौड़ी जाँच एवं दवाइयों की फेरहिस्त के साथ आपको विदा करता है तो उसके पीछे यही 'एक जोड़ी जूते' की कहानी है।

डॉक्टर एवं मरीज का सम्बन्ध या शिक्षक-छात्र का सम्बन्ध व्यवसायिकता के दबावों में किस तरह खोता जा रहा है एवं आदमी जिस प्रकार 'वस्तु' में तब्दील होता जा रहा है उसकी सटीक व्याख्या है ये पंक्तियाँ। इस दृष्टि से यह कविता अपना पुनर्पाठ खोजती है।

कविता में धूमिल पर वामपंथी विचारधारा की शब्दावली एवं विचार दृष्टि का स्पष्ट प्रभाव दिखता है। कविता का केन्द्रीय चरित्र 'मोचीराम' उसी शब्दावली में बात करता है। आदमी का वर्ग चरित्र उसकी सबसे बड़ी पहचान बन जाता है—'जूते की नाप' की तरह।

> ''वह चाहे जो है
> जैसा है—जहाँ कहीं है
> आजकल
> कोई आदमी 'जूते की नाप' से
> बाहर नहीं है।''

'जूते की नाप' आदमी का वर्ग चरित्र है। उसकी औकात है। उसकी औकात-उसकी शक्ल—उसकी शैली उसकी 'जेब' से जुड़ी है। यदि वह बनिया या बिसाती है तो जूता उसके लिए 'नांघने' की चीज है और अगर आम आदमी है तो चकतियों की थैली जिसे एक चेहरा पहनता है। एक है जिसकी आँखों में लालच है, हाथों में घड़ी है। दूसरा है जिसके चेहरे पर उम्मीद की तरह देती हुई हँसी है। एक है जिसका रोब ऐसा कि हिटलर का नाती है, दूसरा ऐसा कि जो अपनी अपने बारे में कुछ बोल नहीं सकता और मोचीराम ने जब उसे समझाने की कोशिश कि ''बाबू जी इस पर पैसा क्यों फूँकते हो'' तो खुद उसकी आवाज लड़खड़ा जाती है। देखने की बात यह है कि बनिया या बिसाती का चरित्र दिखाने के लिए धूमिल को उसका पूरा बायोडाटा देना पड़ा है—

> ''वह न अक्लमंद है
> न वक्त का पाबन्द है
> उसे कहीं जाना नहीं है
> मगर चेहरे पर बड़ी हड़बड़ी है
> सड़क पर आतियों जातियों को
> बानर की तरह घूरता है
> गरज यह कि घंटे भर खटवाता है
> मगर नामा देते
> साफ नट जाता है
> 'शरीफों को लूटते' हो वह गुर्राता है।''

इसके बरक्स 'सर्वहारा' के लिए उन्हें इतने शब्द जुटाने की जरूरत नहीं पड़ती है। उसके लिए मात्र तीन-चार पंक्तियाँ काफी हैं—

"एक अदद आदमी
जिस पर टांके पड़ते हैं
जो जूते से झाँकती अँगुली की चोट
छाती पर हथौड़े की तरह सहता है।"

साफ है कि मोचीराम की प्रतिबद्धता उस बनिया या बिसाती के प्रति नहीं है। उसकी निगाहें फर्क करना जानती हैं। तभी तो उस फटे जूते की मरम्मत के समय वह 'चकतियों की जगह आँखें टाँकता है और सिक्का फेककर आगे बढ़ जानेवाले बनिए के जूते में एक 'कील' छोड़ देता है। ध्यान देने की बात है कि उस फटे जूते वाले आदमी से भी उसे कोई बड़ा माल नहीं मिला परन्तु वह वहाँ वह 'पेशे में पड़े हुए आदमी को बड़ी मुश्किल से निबाह' लेता है। परन्तु जब वही चोट कहीं और से लगती है तो कहीं न कहीं एक चोट कील दबी रह जाती है और अँगुली में गड़ती है।' का यह बदला रूप उसकी उस जीवन दृष्टि से मोरीचाम परिचालित होता है जिसमें रोटी तो चाहिए—रोजी तो चाहिए परन्तु उसके तर्क में फर्क होना चाहिए।

मोचीराम के लिए यह फर्क करना इसलिए सम्भव होता है कि वह स्वयं इन स्थितियों से रू-ब-रू होता है। धूमिल की काव्यभाषा में सपाटबयानी की चर्चा बार-बार आती है परन्तु 'मोचीराम' कविता में उसका अलग रूप दिखाई देता है जब वे धूप सहते मोची का मुकम्मल बिम्ब प्रस्तुत करते हैं। यह बिम्ब उस जगह का है जहाँ मोचीराम रोज बैठकर जूतों की मरम्मत करता है—

यही वह जगह है जहाँ हर आदमी अपने पेशे से छूटकर भीड़ का टमकता हुआ हिस्सा बन जाता है। सभी लोगों की तरह भाषा उसे काटती है, मौसम सताता है। अब आप इस बसन्त को ही लो, यह दिन को ताँत की तरह तानता है पेड़ों पर लाल-लाल पत्तों के हजारों सुखतल्ले धूप में, सीझने के लिए लटकाता है। सच कहता हूँ—उस समय रॉपी की मूठ को हाथ में सँभालना मुश्किल हो जाता है। हाथ कहीं जाता है मन किसी झँझलाए हुए बच्चे-सा काम पर आने से बार-बार इनकार करता है। लगता है कि चमड़े की शराफत के पीछे कोई जंगल है जो आदमी पर पेड़ से वार करता है।

उपरोक्त पंक्तियों में 'बसन्त' का बिम्ब एवं उसकी प्रभान्विति कविता में बसन्त की रुढ़िगत छवि से एक हम हटकर हैं। विद्यापति के ऋतुराज बसन्त की तरह यह प्रफुल्लित नहीं करता—सताता है। 'दिनकर किरण भएल पौगंड' के विद्यापति की पंक्तियों के बरक्स यहाँ दिन को ताँत की तरह तानता बसन्त है।

कविता का अन्त धूमिल की जीवन दृष्टि से होता है। वे जिन्दगी को किताब नहीं अपने अनुभव से भाँपते हैं। कबीर के अनुभव के ज्ञान की तरह। और कबीर

की ही तरह यह मानने से इनकार करते हैं कि—भाषा पर आदमी नहीं किसी जाति का अधिकार है। उनके लिए मोचीराम के मुँह से भी 'दिन को ताँत की तरह तानता' बसन्त निकल सकता है। उसके लिए शायर या विद्यापति होने की जरूरत नहीं है। क्योंकि यह उसका अपना सच है—

"और असल में वह एक दिलचस्प गलतफहमी का शिकार है जो यह सोचता है कि पेशा एक जाति है और भाषा पर आदमी का नहीं, किसी जाति का अधिकार है जबकि असलियत यह है कि आग सबको जलाती है, सच्चाई सबसे होकर गुजरती है।"

धूमिल की कविता में सर्वहारा के दो रूप साथ-साथ चलते हैं—

"कुछ है जो अक्षरों के आगे अन्धे हैं
और पेट की आग से डरते हैं।"

ये वही जनता है जिसे बार-बार धूमिल अपनी कविताओं में जगाने की कोशिश करते हैं। मोचीराम के माध्यम से समाज का दोहरा रूप दिखाकर।

दूसरा रूप वे लोग हैं जिन्हें 'शब्द मिल चुके हैं'। वे अन्याय का प्रतिकार 'इनकार से भरी हुई चीख'—इन्कलाब जिन्दाबाद से करते हैं।

धूमिल का सचेत कवि रूप यहाँ सामने आता है जब वे कहते हैं—

"मैं फर्ज अदा करते हैं।"

धूमिल की कविता में यह समझदार चुप इनकार की चीख से कम महत्त्वपूर्ण नहीं है। वे इस पूरी लड़ाई में उसकी मजबूरी को समझते हैं। वे समझते हैं कि—

"कि पेशेवर हाथों और फटे हुए जूतों के बीच
कहीं न कहीं एक अदद आदमी है।"

मोचीराम इसी 'एक अदद आदमी' की कथा है।

उपसंहार

'धूमिल' की कविता में 'विरोध एवं संघर्ष' का यह विश्लेषण अपने उपसंहार में एक संक्षिप्त पुनरावलोकन की माँग करता है। भूमिका में मैंने 'धूमिल' को एक सतत विकसनशील कवि के रूप में देखने का आग्रह किया था एवं विरोध एवं संघर्ष के विविध पड़ावों से गुजरते हुए हमने पल-पल इस विकास-यात्रा की झलक देखी।

युग-सन्दर्भों से 'धूमिल' की कविता अपनी प्राण-ऊर्जा ग्रहण करती है। वे कविता एवं समाज-राजनीति के बीच 'टच मी नॉट' वाले सम्बन्धों के कायल नहीं थे। इसके विपरीत वे समय से कटी कविता को सन्दर्भहीन मानते थे। इसलिए उनकी कविता अपने युग के स्पंदन से युक्त है। वे जवाहरलाल नेहरू की मृत्यु पर शोक भी मनाते हैं, एवं बाद में उनकी भर्त्सना भी करते हैं। उनकी कविता में जनतंत्र के प्रति आस्था से लेकर नक्सलवादी राजनीतिक चेतना का समर्थन है। यह 'धूमिल' के अन्तर्विरोध का नहीं उनके युगधर्मी होने का साक्ष्य है। इसलिए जवाहरलाल नेहरू की मृत्यु पर उनकी शोक-संवेदना इसलिए झूठी नहीं हो जाती कि वे बाद में नक्सलवाद की ओर झुक जाते हैं। 'धूमिल' का युग सतत परिवर्तनों का युग है। उनमें आशा एवं इन्तजार है—जनतंत्र एवं आस्था है—मोहभंग एवं अनास्था है—संसद एवं नक्सलवाड़ी है। 'धूमिल' का युग दो ध्रुवान्तों के बीच का युग है। इसलिए उनकी कविता को समझने के लिए इस परिप्रेक्ष्य की समझ आवश्यक है। उनका विरोध एवं संघर्ष इसी परिप्रेक्ष्य की उपज है।

'धूमिल' का व्यक्तित्व उनके युग की भाँति ही है। वास्तव में 'धूमिल' का व्यक्तित्व एवं उनका युग एक-दूसरे से इतने घुल-मिल गए हैं कि उनकी कविता का विरोध एवं संघर्ष उस व्यक्तित्व में ही समाहित दिखता है। 'धूमिल' अज्ञेय आदि आभिजात्य संस्कार वाले लेखकों से भिन्न पृष्ठभूमि से आए हैं। वे उस गाँव से आए हैं जहाँ परिवर्तनों के प्रति एक भयावह उदासीनता है। वे उस परिवार से आए हैं जो भूख एवं गरीबी के निहितार्थ समझता है। वे उस 'देस' से आए हैं जहाँ 'भदेस' होना कोई गाली नहीं है। उनका गाँव—उनका अपना जीवन एवं जीवन-संघर्ष उन्हें अपने परिवेश को पूरी तरह समझने में मदद देता है। इसी समझ के तहत वे सबसे टकराते

हैं—अपने आप से—अपने मध्यवर्गीय संस्कारों से—अपने आसपास की भूख एवं दरिद्रता से—अपने गाँव एवं समाज की यथास्थितिवादी मनोवृत्ति से तथा सबसे अधिक अर्थतंत्र एवं राजतंत्र के तत्कालीन शोषक एवं भ्रष्ट तंत्र से। उनका 'विरोध एवं संघर्ष' उनके व्यक्तित्व का प्रतिफलन है जो उन्हें इस सारे 'सिस्टम' से टकराने की ऊर्जा देता है।

'धूमिल' की कविता में 'विरोध एवं संघर्ष' की व्याप्ति निर्विवाद है। वे कविता को रसिकता एवं उपभोग की वस्तु नहीं मानते बल्कि उसे उसके सामाजिक प्रकार्य से जोड़कर देखते हैं। इसलिए सम्भव है कि कई आलोचक उनके सौन्दर्य-बोध एवं उनके भाव-विस्तार पर अंगुली उठाएँ। उन्हें 'राजनीतिक कवि' कहकर दायरे में कैद करने की कोशिशें भी की जाती हैं। परन्तु ऐसी आलोचना भूल जाती है कि उस दौर की राजनीति ने सम्पूर्ण तंत्र को आक्रान्त कर लिया था। वहाँ राजनीति सिर्फ संसद की नहीं थी। वहाँ राजनीति भूख एवं गरीबी की थी; वहाँ राजनीति शोषक एवं शोषितों की थी, वहाँ राजनीति 'उदासीन' पड़े गाँवों एवं 'वीर्यहीन' शहरों की थी; वहाँ राजनीति 'घुन्ना कविताओं' एवं 'मुन्ना विद्रोह' की थी। यानी जब 'धूमिल' की कविता को राजनैतिक कविता कहकर विश्लेषित किया जाता है तो यह ध्यान रखने की जरूरत है कि उस राजनीति के विश्लेषण में एक दौर की पूरी 'सम्यता समीक्षा' मौजूद है। अतएव 'धूमिल' की काव्य-यात्रा को एक वृहत्तर सन्दर्भ में देखे जाने की जरूरत है।

और इसी प्रकार उनके विरोध एवं संघर्ष को भी एक व्यापक नजरिए से देखने की जरूरत है। यह विरोध मात्र विरोध के लिए किया जानेवाला विरोध नहीं है। अनास्थावादियों से भिन्न 'धूमिल' की कविता में 'सिनिक' होने के स्थान पर सदैव एक आस्था का भाव है। वे अपनी पूरी कविता में संघर्षरत हैं—निराश नहीं। अन्धकार उनकी कविताओं में बार-बार आता जरूर है परन्तु 'प्रकाश की लचीली बाँह' उससे बाहर निकलने का रास्ता भी दिखाती है। वे जवाहरलाल नेहरू की मृत्यु पर दुखी होते हैं तो उसके पीछे यही आस्था है। वे संसदीय राजनीति के भ्रष्ट स्वरूप को बदलने में तत्पर हो सके। यहाँ तक कि उनकी नक्सलवादी व्यवस्था में बदलाव की सम्भावनाएँ क्षीण होती नजर आती हैं तब उन्हें नक्सलवादी व्यवस्था में आस्था की किरण दिखाई देती है। कहने का तात्पर्य यह है कि 'धूमिल' का 'विरोध' 'नवनिर्माण' के लिए किया जानेवाला संघर्ष है।

और इस 'विरोध एवं संघर्ष' के भाव-बोध को अभिव्यंजित करने के लिए 'धूमिल' की भाषा भी अपना नया संधान करती है। दुर्भाग्यवश सन्दर्भों से काटकर विवेचित किए जाने के कारण 'धूमिल' की भाषा अनावश्यक आलोचना का शिकार हुई है। उन्हें 'वक्तव्यों का कवि' मान लिया गया है। उनकी कविता में 'भदेस' शब्दों के प्रयोग को अनावश्यक बताया गया है। उनकी 'सपाटबयानी' को काव्य-दोष

माना गया है। मेरे विचार से 'धूमिल' जैसी भाषिक सजगता आधुनिक कविता में बहुत कम कवियों में देखी गई है। वे न तो 'वक्तव्यों के कवि' हैं और न ही 'भीड़ की भाषा' को कविता बनाने के कायल। कविता उनके लिए 'भाषा में आदमी होने की तमीज' है एवं इसलिए वे अपनी भाषा को सतर्क रूप से ढालते हैं। उनके मुहावरे उनकी शब्दावली–उनका भदेसपन सब कुछ नियंत्रित गति में है एवं सटीक दिशा में। ये सब अपनी बात को ठीक–ठीक सम्प्रेषित करने के माध्यम हैं।

कुल मिलाकर 'धूमिल' की कविता के विश्लेषण के निष्कर्ष रूप में हम कह सकते हैं कि विरोध एवं संघर्ष की कविता को 'धूमिल' एक नया आयाम देते हैं। उनकी कविता सतही विरोध (मुन्ना विद्रोह) की अभिव्यक्ति (घुन्ना कविताओं) से ऊपर उठकर संघर्ष का एक नया स्वर बुलंद करती है। इसीलिए 'धूमिल' न केवल अपने समकालीन बल्कि पूर्ववर्ती एवं बाद के कवियों से भी अलग नजर आते हैं। वे विरोध एवं संघर्ष को नया आयाम देते हैं एवं इसी अर्थ में वे अपनी एक नई पहचान बनाते हैं।

परिशिष्ट

काशीनाथ सिंह से संवाद धूमिल के बारे में

प्र. 1 : आपके साहित्यिक जीवन में कई ऐसे मित्र रहे जो अपने साहित्यिक सरोकारों को लेकर चर्चित रहे। धूमिल भी उनमें से एक हैं। आज जब आपसे बात करने का अवसर मिला है, मैं जानना चाहती हूँ कि धूमिल में आखिर ऐसा क्या था जो न केवल उन्हें अपने समकालीन कवियों से अलगाता था बल्कि आज भी उन्हें प्रासंगिक बनाए हुए है।

उ. : पहली बात तो ये जान लेनी जरूरी है कि उनके समकालीन कवि थे कौन। उस समय के चर्चित कवि थे—राजकमल चौधरी, सौमित्र मोहन, मोना गुलाटी, जगदीश चतुर्वेदी। यानी इसी तरह के कवि थे। वे सभी कवि रहे होंगे कभी गाँव के। लेकिन शहर में आने के बाद राजकमल चौधरी को अपवाद मान लें तो बाकी कवि अपने आपको गाँव से बचाकर चल रहे थे, क्योंकि कविता की यही परम्परा थी। नवलेखन की, या नई कविता की परम्परा यह थी कि वह मध्यवर्गीय ड्राईंगरूम, लॉन, फूल पत्ती, रेडियो वगैरह तक सीमित हो गई थी कि वह मध्यवर्गीय शहरी जीवन और दूसरी ओर कविता की जो परम्परा चली आ रही थी नई कविता की और नवलेखन की उसमें, इनकी कविताओं में अमूर्तता, वायवीयता, अस्पष्टता दिखाई पड़ती थी जिसके पाठक नहीं थे। विचार जैसी कोई चीज थी नहीं। बस शिल्प दिखाई पड़ रहा था और शिल्प भी कृत्रिम। काव्यात्मकता से दूर गद्य के निकट। इसके साथ एक और चीज जिसकी तरफ मैं इशारा करना चाहता हूँ कि धूमिल के आने के पहले पचास के दशक में कहानियों में गाँव तो आ गया था लेकिन कविता में गाँव नहीं था। गाँव था भी तो उसमें रोमांटिसिज्म ज्यादा हुआ करता था। तो कविता की स्थिति लगभग ऐसी हो गई थी जिसके पाठक नहीं रह गए थे। क्योंकि कविता की विषय वस्तु जन-जीवन से हट गई थी। जनता से दूर चली गई थी और ऐसे विषयों पर कविताएँ लिखी जा रही थीं जिनमें पढ़ने वालों की कोई दिलचस्पी नहीं होती थी। धूमिल की सबसे बड़ी विशेषता एक तो ये कि उसने कविता को

पाठक के साथ जोड़ा है। धूमिल के बारे में बताने के पहले ये बता दूँ कि प्रगतिवादी कविताएँ जो लिखी जा रही थीं पहले से—नागार्जुन थे; त्रिलोचन थे—केदारनाथ अग्रवाल थे। उनकी कविताओं में फसलें थीं, गाँव के धूल-धक्कड़ थे, गँवई जीवन था, श्रमिक का जीवन था, किसानों का जीवन था, लेकिन सब मिला के वह भी बहुत कुछ फार्मूलेटेड था, जीवंतता नहीं थी। चूँकि धूमिल गीतों से आए थे—पहले गीत लिखते थे—और गीत बहुत रोमांटिक किस्म का लिखा करते थे—अपने को शामिल उन्होंने कर रखा था चकाचक बनारसी, साँड बनारसी जैसे कवियों के साथ—मंचों पर। लेकिन एक तड़प थी उनके भीतर कि कविता को बदलना है और इस माने में, आपने जैसा कि पूछा उनकी कौन सी खासियत है जो उनको समकालीनों से अलग करती है तो मैं कहना चाहूँगा कि वह चीज है 'भदेसपन' जिसे शहराती लोग नाक-भौं सिकोड़ते हुए गवाँरपन कहते हैं और मैंने देखा कि उस जमाने में अकेला धूमिल था जिसे गाँव का होने का गुमान था और गुमान के साथ वह शहर के सम्भ्रात, भद्र और शिष्ट लोगों से मिला करता था, कोई हीनता ग्रंथी थी ही नहीं कि हम गाँव के हैं। वह भेदसपन और इस भदेसपन का इस्तेमाल उसने किसी अमूर्त वस्तु के विरोध में नहीं किया।

प्र. 2 : यद्यपि साहित्य को व्यक्ति के निजी जीवन से सीधे-सीधे जोड़कर देखना एक सतही समाजशास्त्रीय विश्लेषण होगा लेकिन क्या आपको लगता है कि धूमिल के कवि रूप को प्रभावित करनेवाला सबसे महत्त्वपूर्ण पक्ष उनका गाँव, उनका समाज, उनका जनपद ही था।

उ. : बिलकुल। मैं धूमिल के गाँव गया हूँ कई बार। हम और धूमिल कई बार साइकिल से जाते थे। दस किलोमीटर था लगभग शहर से। 'खेवली'। धूमिल घर के मालिक थे और गाँव की यह मानसिकता होती है कि खेती-बाड़ी, रुपया पैसा जो कुछ हो वह सारा कुछ मालिक के जिम्मे होता है। वह चार भाई थे। उसका एक भाई क्लर्क था और दो खेती करते थे। उनमें एक पियक्कड़ था और जिस दिन धूमिल से पैसा माँगना होता था—भइया तू निराला से बड़ा हुउआ; तुलसी तोहरा सामने का हउवैं—धूमिल खुद बताते थे।

धूमिल रहते थे बनारस के नवाबगंज में। एक मकान था। मकान क्या दो कमरे थे। रोटियाँ खुद सेकते-सब्जी बनाते थे। कभी-कभी हम या नागानंद चले गए तो हमको भी खिलाते थे। संस्कार उनके उन दिनों भी ब्राह्मण के ही थे। जनेऊ पहना करते थे। लुक से कहीं से भी वे साहित्यकार नहीं लगते थे। ऐंठी हुई मूँघें। हाइट बहुत ज्यादा नहीं। पाँच फीट दो इंच होगी। दोहरा बदन। कुरता पायजामा पहनते थे और खेती के समय प्रायः हम शाम आई.आई.टी में पढ़ाने के बाद वे उधर से ही गाँव चले जाते थे। जुताई हो—रोपनी हो—दवाई हो—कटनी हो—चले जाते थे।

हालाँकि करने के लिए तीनों भाई करते थे। लेकिन मालिक होने के कारण उन्हें लगता था कि उनका रहना जरूरी है। भाई उनका सम्मान करते थे। धूमिल का कहना था कि हमारे भाइयों में सबसे चालू यही है ससुरा। क्लर्क होने से दाँव-पेंच भाइयों के बीच लगाता-बझाता रहता है। ये एक समस्या है। लेकिन उनके सामने जाहिर नहीं करते थे, हम लागों से कहा करते थे। पड़ोस से मुकदमा चलता रहता था बराबर उनका और गाँव के मामले में कोई मामला आ गया तो धूमिल घर के मालिक की हैसियत से शामिल होते थे। ये ऐसे अनुभव थे जो हिन्दी के कवियों की सीमा से बाहर के हैं।

गाँव, खेत, फसल, खलिहान, कचहरी यह ऐसे शब्द हैं—जो साहित्य से बाहर थे। धूमिल ने ढेर सारी इस तरह की जिन्दगी, उनकी झुँझलाहट परेशानी, गरीबी इन सबको अपनी कविताओं में व्यक्त किया। धूमिल काफी बेलौस थे। यानी शहर में भी वे गाँव के लोगों को देखते थे तो उनके भीतर एक हमदर्दी पैदा होती थी। कभी-कभी वे कहा करते थे कि पानी न बरसे, अकाल हो तो आस-पास के सारे गाँवों को शहर पर धावा बोल देना चाहिए। सारी दुकानें लूट लेनी चाहिए। हमीं लोगों का माल है जो दिखाई पड़ रहा है दुकानों पर। पैदा हमी लोगों ने किया है। बहुत आक्रामक लहजे में इन चीजों को कहा करते थे।

प्र. 3 : आप धूमिल की कई कविताओं के प्रथम श्रोता रहे हैं एवं उनकी रचना प्रक्रिया को करीब से देखा है। थोड़ा विस्तार से इस पक्ष पर बताएँ।

उ. : यह तो आपको मालूम होगा कि धूमिल ब्रेन ट्यूमर से मरे थे। ब्रेन ट्यूमर के पीछे कहीं न कहीं मुझे लगता था कि उनकी कविता सम्बन्धी बेचैनी ही रही है। एक बेचैनी थी उनमें कि मैं ऐसा क्या लिखूँ जो समकालीनों से मुझे अलग करती हो और कविता को खुद एक नया जीवन देती हो। यह बात उनमें आरम्भ से थी। धूमिल इंटरमीडिएट पास नहीं थे। लेकिन अनुवाद के माध्यम से मैंने उन्हें काफ्का, कामू, गिसवर्ग, मलार्मे इन सारे लोगों को पढ़ते हुए देखा है। हाईस्कूल पास थे, लेकिन डिक्सनरी लेकर इनकी किताबें पढ़ लेते थे। पढ़ते थे और कहीं कठिनाई होती थी तो नागानंद जो उनके घर के सामने रहते थे—अंग्रेजी से एम.ए. थे उनसे सहायता लेते थे। एक छटपटाहट अपने को अधिक से अधिक कविता की समझदारी से लैस करने की उनके अन्दर थी। सुकांत भट्टाचार्य को, मानिक बंद्योपाध्याय को उन्होंने बनारस में रहकर बांग्ला के अपने मित्रों से समझा। सुकांत बड़ा ही क्रान्तिकारी कवि था। बांग्ला से—अंग्रेजी से, बाकी समकालीन कविता की परम्परा से वह अच्छी तरह से परिचित थे।

सन् चौंसठ में प्रकाशित हुआ था 'चाँद का मुँह टेढ़ा है'। उसके पहले राजकमल चौधरी की 'कंकावती' थी। यानी अपने को जैसे युद्ध के मैदान में जाने की तैयारी

करता है योद्धा वैसे ही, उनकी कविता की तैयारी एक सैनिक की तैयारी थी। यह एक तरह से अपने आप को एक्जास्ट करना था जैसा कि पूरे दिन बैल खेत में जुताई के बाद होता है। उसी भाषा में बात कहते थे। मैंने ये पंक्तियाँ लिखी हैं—ये तीन पंक्तियाँ—पर लिखने में कितनी मेहनत लगी तो देख लो पसीने से भीगा बदन। होता ये था कि कविता—हिन्दी कविता की परम्परा—निराला से मुक्तिबोध—राजकमल चौधरी और जो विदेशों में लिखा जा रहा था—रूसी कवि सेब्तुशेको, अमेरिकी कवि गिंसवर्ग। उस समय के हंगरी जैनरेशन की कविता सबसे परिचित थे। उन्होंने पूरी तैयारी के साथ कविताएँ लिखनी प्रारम्भ कीं।

हमारी नजर में धूमिल पहला व्यक्ति था जिससे हमारी दोस्ती इस बिना पर नहीं थी कि मैं नामवर का भाई हूँ बल्कि इस पर थी कि मैं एक लेखक हूँ। यानी अधिकांश लोग जो भी मुझसे मिलते थे नामवर का भाई समझकर मिलते थे। धूमिल एक लेखक समझकर मिला। गहरी दोस्ती होने का राज भी यही है और हमसे दोस्ती के बाद वो भैया के करीब हुआ धीरे-धीरे।

तो होता ये था कि धूमिल का आई.आई.टी. पड़ता था करौंदी के पास बी.एच.यू यूनिवर्सिटी की बाउंड्री के बाहर। हमारा विभाग था अन्दर। धूमिल प्रायः 9 साढ़े 9 के आसपास चले आते थे हमारे यहाँ। हम और धूमिल जाता करते थे साथ-साथ बिरला हॉस्टल के चौराहे तक। उस वक्त नियमतः धूमिल दो चार पंक्तियाँ बनाते थे, एक साँस में पूरी कविता धूमिल ने कभी नहीं लिखी। कोई कविता एक साँस में नहीं। वह एक-एक पंक्तियों पर श्रम करता था। इस वाक्य की जगह ये हो; यह वाक्य सकारात्मक न होकर प्रश्नवाचक हो या संवाद में दिखाई पड़े—या प्रश्नसूचक। उनके पास ढेर सारे विकल्प होते थे। कौन ज्यादा सटीक होता था। तो धूमिल की जो भी पंक्तियाँ तैयार होती थीं जाते हुए बातें करते थे उनके बारे में कि यार परेशान हो गया हूँ रात को इतने देर तक जगा, पर बात बनी नहीं। इस तरह बताया करते थे और उसी क्रम में हमारा खयाल है कि 'आरम्भ' नाम की पत्रिका निकलनी शुरू हुई थी—लखनऊ से। शुरुआती कविताएँ वहाँ से आनी शुरू हुईं। किसी एक अंक में उसकी और कमलेश की कुछ कविताएँ आई। कमलेश की कविताएँ कुछ ऐसी ही थीं जैसे शहर का आदमी गाँव के बारे में सोचता है लेकिन धूमिल की कविताएँ काफी ठोस थीं। मारक थीं। शायद जनतंत्र के सूर्योदय की कविता थी।

तो मैं सिर्फ इतना बताना चाहता हूँ कि धूमिल के लिए कविता भावोच्छवास मात्र नहीं थी। वे जिस तरह की मेहनत करते थे कम दिखाई पड़ता है। वे अपनी रचना-प्रक्रिया में 'अमल्गमेशन' का भी सहारा लेते थे, दो अलग-अलग कविताओं को जोड़ने का काम। *तो दोनों को अलग-अलग होना चाहिए या एक होना चाहिए यह भी सोचा करते थे।* इसी तरह से हम लोग—जिसमें मैं तो कम कह पाता था

कहानी होने के कारण—लेकिन धूमिल रोज ही जो लिखते थे उस बारे में बातें किया करते थे और वे भरसक कोशिश करते थे कि कहीं से भी परिनिष्ठित शब्द न आने पाए—वहीं आए जहाँ विकल्प न मिले और यही नहीं जैसे चाकू पर सान चढ़ाई जाती है उस तरह वाक्य पर—यह और कैसे मारक—तेज धारदार हो सकता है—उनकी चिन्ता यह होती थी।

प्र. 4 : नामवर जी आपके भाई हैं एवं धूमिल के मास्टर साहेब। धूमिल के व्यक्तित्व एवं कृतित्व को नामवर जी ने किस रूप में प्रभावित किया।

उ. : हमारा खयाल है कि शहर उन दिनों नामवर जी को डॉक्टर साहेब ही कहकर सम्बोधित करता था। मुझे नहीं याद है कि कोई उन्हें मास्टर साहेब कहता हो क्योंकि वे यूनिवर्सिटी में पढ़ा चुके थे। मास्टर स्कूल में होते हैं। सारे लोग उन्हें डॉक्टर साहेब ही कहते थे। धूमिल को डॉक्टर साहब कहना अच्छा नहीं लगता था। कहा भी नहीं उसने। बनारस मैं मात्र एक आदमी था जो मास्टर साहेब कहलाता था—वे चन्द्रबली सिंह थे। चन्द्रबली सिंह मास्टर साहेब इसलिए कहे जाते थे क्योंकि नामवर जी उन्हें मास्टर साहेब कहते थे। यू.पी. कॉलेज के संस्कार थे। तो चन्द्रबली सिंह को भैया मास्टर साहेब कहते थे। चन्द्रबली सिंह के बारे में मान्यता थी कि मार्क्सवाद की शिक्षा ज्यादा लोगों—पढ़े-लिखे लोगों ने उनसे ली है। ऐसा हो सकता है कि भैया के साथ भी रहा हो—मैं जानता नहीं और पूछा भी नहीं। लेकिन धूमिल ने जब लोलार्क कुंड से—अच्छा ध्यान में रखें कि ये वे दिन थे जब नामवर के घोर विरोधी थे नगर के लोग। नौकरी नहीं थी—बेकार थे—घर से गोदौलिया और गोदौलिया से घर आते थे। कोई साथ नहीं था। यहाँ तक कि जब वे जनयुग में काम करने दिल्ली आए तब भी लोगों ने उनके खिलाफ बोलना शुरू किया। उस समय नामवर के पक्ष में बोलनेवाला अकेला आदमी धूमिल था। खुल के। भाई होने के कारण मैं कह नहीं सकता था कुछ। आदर्श निराला बने हुए हैं—भीख नहीं माँगेंगे, नौकरी नहीं करेंगे, क्यों नहीं करेंगे। मैंने धूमिल को दी थी ज्ञानोदय। उसमें नई कविता पर क्षण भर नामक स्तम्भ आता था भइया का। आठ या दस स्तम्भ आए थे। दो चीजें मैंने धूमिल को दी थीं। एक तो 'धरती'—त्रिलोचन का कविता संग्रह दूसरी ज्ञानोदय में प्रकाशित स्तम्भ।

ये जानने के लिए कि नई कविता क्या है 'संसद से सड़क तक' में एक सूक्ति दी है आरम्भ में कि कविता सबसे पहले एक सार्थक व्यक्तव्य है धूमिल को यह लाइन मिली थी—'नई कविता पर क्षण भर' पढ़ते हुए।

दूसरी बात आप ये ध्यान रखें कि जितने कवि थे धूमिल के समकालीन, वे मार्क्सवाद विरोधी थे या अराजनीतिक थे। ज्यादातर कलावादी थे। नामवर जी मास्टर साहेब उसके लिए इसलिए हुए कि उन्होंने उसे दृष्टि दी। कविता लिखने की

दृष्टि। एक नजरिया। किस नजरिए से कविता लिखनी चाहिए और इसी नजरिए का परिणाम था कि देश, दुनिया और समाज को उसने गाँव के किसान के नजरिए से देखना शुरू किया। उसी दृष्टिदान का यह परिणाम था। इस नजरिए से अपनी जमीन पर खड़े होकर उसने देश-दुनिया, चुनाव, जनतंत्र सबको देखा।

प्र. 5 : धूमिल की कविताओं का केन्द्र बिन्दु राजनीति है। उनकी कविताएँ आज के राजनीतिक दौर में भी प्रासंगिक हैं, क्या कारण है इसका ?

उ. : धूमिल की एक विशेषता थी मार्क्सवादी नजरिया रखते हुए भी अपने को मार्क्सवाद तक सीमित न रखना। हम और धूमिल कई बार चुनावों में काम करते थे। खासकर राजकिशोर, रुस्तम सैटिन के चुनाव में। लेकिन जो मार्क्सवादी कार्यकर्ता थे उनका चरित्र वह नहीं था जो सिद्धान्त कहता था। उसके बीच फाँक दिखाई देती थी। इसलिए दृष्टि तो मार्क्सवादी थी लेकिन पार्टी की दृष्टि धूमिल ने कभी नहीं रखी। दूसरी बात यह कि उन्होंने नक्सलवाद का दौर देखा जिसका प्रभाव उन पर यह पड़ा कि उनको लगने लगा कि ये पोलिटिकल पार्टियाँ किसी काम की नहीं हैं। तो इस सोच की अति या तो उग्रपंथ की ओर ले जाती है या उसे अराजक बना देती है। धूमिल की परिणति जो हुई हमें लगता है वह एनार्किस्ट के रूप में हुई। हर चीज का विरोध, चुनाव का विरोध। ऐसा नहीं कि चुनाव की प्रक्रिया का विरोध—चुनाव का ही विरोध। चुनाव से कुछ नहीं होनेवाला है। यह नकारवाद धूमिल में अन्त में आ गया। जब सब मादा हैं तो बेकार है चुनाव, जिसकी पूँछ उठाया उसको मादा पाया। धूमिल पहले गीत लिख रहे थे। वे मादा कविताएँ नाम से संग्रह निकालना चाहते थे। उनके दिमाग में था कि संग्रह निकाले। बीस-बाईस गीतों का संग्रह जो जनता की जबान पर चढ़े जिनको लोग गा सके। चूँकि ये गीत बन नहीं सके तो इन पंक्तियों को उन्होंने किसी कविता में डाल दिया। बदले रूप में।

प्र. 6 : धूमिल की औरतों के बारे में आपकी राय क्या है ? क्या वे औरतों को केन्द्र में रखकर नहीं देख पाते ?

उ. : ये ध्यान रखें कि धूमिल गाँव के रहनेवाले थे। गाँव में औरत को एक वस्तु के रूप में देखा जाता है। सारी पढ़ाई-लिखाई के बावजूद धूमिल की औरत की कल्पना गाँव की थी। बनारस में चलते हुए देखते थे तो दूसरों को देखते हुए भी कहते थे—बानर की तरह घूरता है। देखनेवालों पर एक तरह की आपत्ति करना। दूसरे कई बार बोला करते थे कि इतना सजने-धजने के बावजूद हमारी पड़ाइन इनसे अच्छी है।

पड़ाइन हमारा खयाल है कि दो-चार महीने में कभी भी दो-चार दिन के लिए आ जाती थीं। घर की मालकिन थीं—घर छोड़ नहीं पाती थीं। तो कभी तीर्थ करने-नहाने या दर्शन के लिए वे धूमिल के यहाँ चली आतीं। और जब चली जाती थी तब

धूमिल बताते थे। याने मार्क्सवाद का अध्ययन करने के बावजूद एक औरत के बारे में धूमिल की दृष्टि पूँजीवादी तो नहीं सामन्तवादी थी। एक सामन्त की तरह औरत को देखना। सेवा करने के लिए। थककर गए थे तो पड़ाइन ने खूब सेवा की—सिर दबाया, पैर दबाया। यानी औरत उनके लिए दाम्पत्य जीवन से बाहर नहीं थी और उसी रूप में वे औरत को देखते थे। बहुत आधुनिक सुलझी हुई विकसित दृष्टि नहीं थी औरत के बारे में।

प्र. 7 : धूमिल की कविता पर सबसे अधिक विवाद कविता की भाषा को लेकर है। क्यों है यह विवाद ?

उ. : कलावादियों के लिए कहा जाता है कि वे शब्दों का चयन बहुत सोच-समझकर करते थे। शिल्प के प्रति बहुत सतर्क थे, अज्ञेय के बारे में कहा जाता है। मुझे धूमिल के सिवा किसी दूसरे कवि के बारे में जानकारी नहीं है कि वह इतना शब्द सजग और सतर्क रहा होगा। वे भाषा के बारे में सोचते हुए—भाषा को डायनामाइट मानते थे। विस्फोटक। याने विस्फोट किसका करें—सामाजिक मान्यताओं—परम्परागत मान्यताओं का विरोध करने के लिए। तो एक तरह से जैसे जहर बुझे तीर का इस्तेमाल आदिवासी करते हैं—तीर के फल को जहर में डुबाया जाता है—धूमिल हर शब्द के प्रयोग में ये सावधानी बरतते थे कि तल्खी-तुर्शी ये सब पैदा हो जो लोगों को झकझोर दे, हिला दे। वे मानते थे कि जनता इस जनतंत्र की चुनावी प्रक्रिया में इतनी बेदम-वस्तुपस्त है कि एक ही पार्टी को जिताते जाए—वे बदलने का ताव पैदा करना चाहते थे। इसलिए वे भाषा के मामले में बेहद सतर्क थे और इसके लिए वे उस समय के भूखे कवियों के कवि राजकमल आदि द्वारा उपयोग किए गए यौनप्रतीकों का उपयोग करते थे। भाषा उनके लिए बदलने का औजार थी। थप्पड़ मारने जैसा काम। हम कह रहे हैं और आप सुन नहीं रहे हैं। एक हिंसक वायलेंस क्रिएट करना चाहते थे।

प्र. 8 : इतने अरसे बाद धूमिल को याद करना चाहेंगे तो किस रूप में देखना चाहेंगे।

उ. : देखिए धूमिल महत्त्वपूर्ण तो रहेंगे। एक खास दौर के लिए विशेषत: संविद सरकारों का गठन, नक्सल मूवमेंट। उस दौर को जब भी कोई जानना चाहेगा धूमिल को पढ़ने के लिए बाध्य होगा। इसलिए धूमिल की भूमिका कभी खत्म नहीं होनेवाली है। आज उन्हें गुजरे हुए आधी सदी हो गई। कविता काफी आगे बढ़ चुकी है। लेकिन समस्याओं में कोई खास बदलाव नहीं। धूमिल ने जो प्रश्न किए हैं—जो कविता कर सकती है—एक लेखक कर सकता है वे आज भी प्रासंगिक हैं। इसलिए धूमिल की भूमिका हमेशा 'विपक्ष के कवि' के रूप में रहेगी। धूमिल की कविता का मूल स्वर 'विरोध और संघर्ष' रहेगा। काव्य सत्ता की घोषणा जैसी है।

मुझे लगता है कि जब तक जनतंत्र है और जनतंत्र में भ्रष्टाचार है और जब तक चुनाव होते रहेंगे—धूमिल प्रासंगिक रहेंगे। जनतंत्र की विडम्बना—चुनाव के षड्यंत्र—बदलती हुई टोपियों के खिलाफ एक साधारण गाँव के आदमी के भीतर कितना गुस्सा है उसका इजहार करती हैं उसकी कविताएँ। यही भदेसपन उसकी सबसे बड़ी ताकत है जिसने उसे आज भी प्रासंगिक बना रखा है, आज भी।

●●●